カリスマ不動産コンサルタントから学ぶ

資産を守り増やすための
12の実践哲学

㈱福田財産コンサル
代表取締役
福田郁雄

住宅新報社

はじめに

　どうせ執筆するなら、「今までにない新しい付加価値のついたものにしたい」そんな思いで、本書の基となる連載を公益財団法人不動産流通推進センター（旧 不動産流通近代化センター）発刊の『月刊 不動産フォーラム21』で始めました。

- 今までにない新しい発想
- 実際に現場でやって検証済みのもの
- 依頼者の気持ちになって

　この3つの観点から、不動産コンサルティングに関連する12の分野について分けて解説してみました。

　実は不動産コンサルティングの現場では、単純な不動産の問題を解決するというものは少なく、ほとんどの場合が不動産以外の関連分野にまたがって、戦略を考え、問題解決や企画をしていかなければならないものばかりです。

　便宜上「相続」「建築」「投資」「金融」「税務」「法務」「経営」「鑑定」「不動産」「資産設計」「コンサルティング」「コミュニケーション」に分けていますが、実践実務の現場では、渾然一体となっています。

　不動産コンサルタントあるいは資産家の方であるならば、ある程度理解しておかなければならない専門分野を抽出しました。そして各専門分野の隙間を埋めて、目的を実現させていかなければなりません。

それぞれの専門分野にはさらに沢山のテーマがありますが、不動産コンサルティングの現場で最も頻繁に利用されると思われるテーマを一つに絞り解説を加えてみました。

　興味のあるテーマから読んでください。あるいは興味のあるテーマだけ読んでいただいても構いません。
　たんなる知識を付けるための本ではありません。現場で実践するためのヒントを得るためのものです。私は常々、「勇気をもって一歩踏み出す」ことがなによりも大切なことだと申し上げております。

　本書は公認 不動産コンサルティングマスターのために書いています。いわゆる不動産のプロ中のプロ向けです。ですが、これから不動産コンサルタントを目指そうという方にも具体的なイメージができて参考になると思います。
　また、コンサルティングを受ける側である資産家にとっても、自分自身で頭の中を整理するのに役立つことでしょう。
2015年5月

福田 郁雄

CONTENTS

はじめに ·· 1

Chapter 1　相続
相続対策の新潮流

相続対策から生存対策へ ································· 14

1　相続コンサルティングブームがやって来た ················ 14
2　新発想の相続対策 ·· 15
3　二次相続対策が重要 ··· 17
4　相続対策の潮流 ·· 20
5　納税対策 ··· 23
6　節税対策 ··· 25
7　優良資産への組替え ··· 27

Chapter 2　建築
コンセプト賃貸

ターゲットとテーマを設定しよう ····················· 32

1　環境が厳しくなるからこそ企画が重要 ······················ 32

2	オーナーの目的を考える ……………………………… 34
3	その土地の持つポテンシャルを把握する ………………… 36
4	コンセプトを決める ……………………………………… 38
5	こんな設計士と組みたい ………………………………… 42
6	建築コンサルティングのプロセス ……………………… 48

Chapter 3　投資

投資判断
欲と恐怖のバランス取れていますか ……………… 54

1	マインドコントロール力を身につける ………………… 54
2	不動産投資とは ………………………………………… 56
3	原理原則を正しく理解する ……………………………… 59
4	本当の利回りは ………………………………………… 62
5	安全性判断 ……………………………………………… 65
6	出口戦略 ………………………………………………… 68

Chapter 4　金融

事業再生
金融側から見た不良債権　74

1　依頼者（債務者）を守ってあげる　74
2　依頼者（債務者）の気持ち　75
3　金融機関（債権者）の立場　78
4　債務者区分と資産の分類、貸倒引当金　81
5　金融機関の不動産担保の査定　84
6　再取得もできる　86

Chapter 5　税務

事業用資産の買換え特例
地方から大都市への買換えが進む　90

1　メリットもありデメリットもある　90
2　この制度の目的　91
3　適用上の注意点　95
4　実際の計算方法　99

CONTENTS

| 5 | 活用のメリット・デメリット .... 102 |
| 6 | こんなケースに使いたい .... 105 |

Chapter 6　法務

借地権の活用
借地権の問題解決と事業としての活用方法 110

1	問題点ではなく、活用メリットをみよう 110
2	不可解な自然発生的借地権 111
3	解決法はどうするか？ 115
4	一般定期借地権の活用 117
5	事業用定期借地権の活用 122
6	普通借地権の分譲事業への活用 124

Chapter 7　経営

財産診断
取り組むべき課題を明確にする 128

| 1 | 資産経営という発想が必要 .... 128 |
| 2 | 「不動産経営戦略」のフレームワーク .... 129 |

3 「統合的問題解決技法」の活用 …………………………………… 133
4 「財産診断」で課題を明確にする ………………………………… 136
5 今、何をするのかで将来が決まる ………………………………… 140
6 「財産診断」の他社事例 …………………………………………… 143

Chapter 8　鑑定

最有効使用と価格の歪み

ホントは教えたくない
不動産アービトラージの発想 ……………………………… 148

1 不動産を科学にする ………………………………………… 148
2 ホントは教えたくなかった ………………………………… 149
3 不動産業界特有の事情によるアービトラージ …………… 152
4 不動産制度によるアービトラージ ………………………… 158
5 不動産活用によるアービトラージ ………………………… 159
6 アービトラージの応用 ……………………………………… 163

Chapter 9　不動産
売却＆購入戦略

戦略立案で変わる不動産価格 …………………………… 166

1　100％依頼者の立場に立った売却＆購入戦略 ………… 166
2　本来の仲介の姿 ………………………………………… 167
3　売却戦略　5つの検討事項 …………………………… 172
4　売却戦略の事例 ………………………………………… 178
5　購入戦略の原理・原則 ………………………………… 181
6　購入戦略の事例 ………………………………………… 183

Chapter 10　資産設計
プライベートカンパニー

時間を味方にして資産と所得を移転 …………………… 188

1　プライベートカンパニーを贈与する ………………… 188
2　なぜプライベートカンパニーで資産を持つのか？ … 189
3　プライベートカンパニーの4類型 …………………… 193
4　建物所有方式の活用方法 ……………………………… 199

| 5 | 土地建物所有方式の活用方法 | 203 |
| 6 | 成功の鍵は収益不動産の目利き | 206 |

Chapter 11　コンサルティング
フレームワーク
情報と知識を知恵に昇華させる　210

1	コンサルティング技能を磨こう	210
2	問題を「取り組むべき課題」に変える	212
3	戦略立案の基本はこの３つ	215
4	マーケティングのためのフレームワーク	218
5	マネジメント	222
6	人を動かす	226
7	考え抜くことで答が降りてくる	231

CONTENTS

Chapter 12　コミュニケーション

人を動かす
信頼を勝ち得、意思決定してもらおう ……… 234

1　対人関係が全てと言ってもよい ……… 234
2　トップセールスマンから学ぶ ……… 235
3　ゴールから思い描く ……… 238
4　Win・Win・Win ……… 241
5　こちらから信頼し、尊敬する ……… 243
6　違いを乗り越える ……… 246

おわりに ……… 250

本書は、『月刊　不動産フォーラム21』（公益財団法人 不動産流通推進センター〈旧 不動産流通近代化センター〉）2014年2月号～2015年1月号「キーワードで考える不動産コンサルティングの勘所」を加筆修正し、単行本としたものです。

Chapter 1

相続

Chapter 1　相続

Chapter 2　建築

Chapter 3　投資

Chapter 4　金融

Chapter 5　税務

Chapter 6　法務

Chapter 7　経営

Chapter 8　鑑定

Chapter 9　不動産

Chapter 10　資産設計

Chapter 11　コンサルティング

Chapter 12　コミュニケーション

Chapter 1 相続

相続対策の新潮流

相続対策から生存対策へ

新発想の相続対策は、「生存対策」です。まずは被相続人に長生きしてもらい、人生を楽しんでもらうことが大切です。主役はあくまで被相続人です。次に、遺された相続人それぞれの幸せな生活設計を描きます。そのうえで考えに考え抜いた対策が、本物の相続対策なのです。

1 相続コンサルティングブームがやって来た

はじめのテーマは【相続】です。もはや、相続コンサルティングブームと言ってもよいほど、関心の高いテーマです。各種認定団体が競って相続の専門家を養成中です。公益財団法人不動産流通推進センターでも、「相続対策専門士」の認定を 2013 年より始めています。この年は東京で一講座だけでしたが、2014 年は大阪会場も設けました。ところが定員オーバーとなり東京で追加講座を開くなど

盛況です。

　ここでは、従来から言われている供給者側（不動産業者、建築会社、銀行、税理士等）から見た相続対策ではなく、依頼者、つまりユーザーニーズから見た相続対策のお話をします。依頼者は被相続人であったり、被相続人の後継者であったり、被相続人の後継者でない人であったりと様々ですが、共通点は相続人の相続後の生活設計を描くことです。公認 不動産コンサルティングマスターは相続資産を円満に分割し、納税義務を果たし、そのうえで上手に不動産を運用し「生き金」にする助言をします。

2　新発想の相続対策

その対策で相続後の生活設計が描けますか？

　新発想の相続対策はズバリ「相続後の生活設計」です。従来の相続対策は節税に重点が置かれ過ぎており、間違った対策を行ってしまい相続人が苦労する、ということが頻繁に発生しました。良かれと思ってやった相続対策が相続人にとっては迷惑となってしまった。こんな話はあちらこちらで聞くことができます。

　相続の現場に立ち会い感じることは、「自分の生活、これからどうするか？」という問いに、我々は答えていかなければならないということです。

　残された配偶者に資産を運用する意欲や適性はあるのか？　相続人の中で誰がリーダーとなって、相続人全員の生活設計を描いてあ

Chapter 1 相続

げることができるのだろうか？ 被相続人の資産運用の方針と相続人らの運用方針の違いは出てくるでしょう。時代が違えば発想や考え方も変わってきます。相続後は相続人の意思で資産運用がなされます。相続人にとってみれば、どんな資産を相続して、相続後どのように運用するのかによって、人生そのものが大きく左右されます。

そんな時に、不動産のプロでありながら相続に対する知識と正しいモノの見方・考え方を持っていれば、助言者として頼りにされるでしょう。

将来の生活設計を描いてから分割対策、納税対策、節税対策

20年前くらいから、相続対策には分割対策、納税対策、節税対策の3つがあって、大切なのはこの順番であって、1に分割、2に納税、そして余裕があれば3に節税と言われるようになりました。これは節税一辺倒の対策の反省から生まれた、相続対策三原則です。

最新の相続対策論で言われているのが、相続後のことです。遺産分割や納税や節税対策を行うにあたっては、相続後の相続人全員の将来の生活設計を描いて行わなければ、的外れになるのではないでしょうか？

とりわけ、専門家といわれる方は、その専門分野の中で物事を考えがちです。相続に係る専門家や実務家の皆さんは、自分の限定された分野の中で答えを見つけようという傾向があります。なかには、依頼者に迎合するような専門家・実務家の方もいて、目先の利益を強調して、長期的な視点での依頼者のためのアドバイスを疎かにしがちです。

B／Sリッチから、P／Lリッチへ

　日本の資産家の特徴として、不動産をたくさん所有しているということが挙げられます。不動産の価値はあり、バランスシート（B／S）が大きく、相続税や固定資産税が高いにもかかわらず、収益を生んでいないために、損益計算書（P／L）の数値が低いのです。デフレがそのことをより深刻にしてきました。

　相続人の生存対策を考えるポイントは、インカムを増やしＰ／Ｌリッチになることです。資産を守るためには、確実なインカムが欠かせません。ここで確実なインカムとは短期的なインカムではなく、継続的なインカムです。収益不動産であれば、最初の10年間はどこでやってもそれなりに経営できますが、10年も経つと「勝ち組」「負け組」が明確になってきます。50年経ったとしてもテナントに支持される収益不動産であらねばなりません。

　目先だけではなく、将来にも目配りしてあげる必要があるのです。

3　二次相続対策が重要

揉めるのは二次相続

　相続の現場でコンサルタントが活躍するのは、二次相続時です。一次相続では、重石となる配偶者（母親、もしくは父親）がいるので揉めることは少ないです。二次相続の時は兄弟間での分割協議なので重石がありません。言いたいことを言い合い、ケンカ別れにな

ることもしばしばです。

　一次相続では配偶者控除があるので、法定相続分もしくは1.6億円までの相続であれば配偶者は非課税です。一次相続分くらいの納税資金や納税用資産は何とかやりくりできるものです。

　ところが、二次相続になると、既に一次相続で納税資金を使い果たし、納税資金に窮する場合が多いです。なるべく配偶者に長生きしてもらい、納税資金が貯まるように、インカムを得られるように資産設計してあげなくてはなりません。納税資金が不足したり、借金が多かったりすると分割で揉めるのです。

一次相続時に二次相続対策を描いておく

　二次相続直前に相続対策を行っても、その効果には限度があります。二次相続対策の絶好のタイミングは一次相続時です。一次相続の分割と納税の時に、同時に二次相続対策をするのです。

　例えば、一次相続時の分割を考える時に、二次相続時までに節税対策が検討できる資産を配偶者が相続するというようなことです。

　預貯金等は配偶者が相続し、その預貯金を頭金としてその預貯金と同額の借入れを加え、優良な収益不動産を購入して、相続税評価を下げながら、インカムを得ます。そのインカムは予め、贈与したり、資産管理会社を通じて所得分散を図ったりするなどといった方策が考えられます。

女性の相続に強くなる

　女性の相続に強くなることは大切です。女性は娘、嫁、妻、母と4つの顔で相続を6回経験します。夫の両親、自分の両親、夫、そして自分の6回です。

　一般的に男性より年下でかつ長生きすることが多いので、より相続後の生活設計を意識します。

　そもそも、既婚の女性は相続税のことなどほとんど意識していません。なぜなら、配偶者控除があるので、相続税など払わないからです。もちろん自分が相続される時（自分が死亡した時）も相続税は払いません。ですから、節税対策にもあまり興味を持っていないというのが真実です。

　女性にこそ、将来の生活設計を真剣にアドバイスしてあげなくてはなりません。女性は思った以上に男性より現実的で合理的な判断ができます。メンツやステータスにこだわることもありません。確かに、感情的で悩みのるつぼに入り易いという女性もいますが、いざとなれば決断できる強さを持ち合わせています。

　人生を楽しむ術も身に付けており、収益不動産のインカムで生活をエンジョイすることにも長けています。それはお金が回り、日本経済にも貢献します。

　女性への適確なアドバイスが、相続ビジネスの成功の鍵といってもよいでしょう。

Chapter 1 相続

4 相続対策の潮流

節税目的が仇に

　多くの資産家からのご相談で感じることは、過去の安易な相続対策の後悔が多いということです。「何でよく検討もせず、言われるままにやってしまったんだろうか」という反省です。後からでは、取り返しがつきません。

　「あの時は建築会社に勧められ、銀行にも是非にと言われ、税理士にも節税になるからと定率法による償却を勧められ、不動産会社も賃料保証するなんて言うのでその気になりましたが、気付いた時には後の祭りでした。

　築10年以降は空室率が増え、賃料が下がり、修繕費用がかさみ、金利と減価償却費の減少で増税にはなるし、踏んだり蹴ったりです。やむを得ず、他の土地を売って、ローンの負担を減らすものの、資産は減っていく一方です」

　最後には、支払いが難しくなり、税金まで滞納し、その賃貸マンションを売る羽目になった資産家を数々見てきました。

　あの「相続対策」というフレコミは、一体何だったのでしょうか。

　私自身も30年も前から、相続対策の提案は行っていましたが、長期的需要の厳しいところにお勧めすることはありませんでしたし、行う場合には借金は50％以内にするようにと助言していました。現金がない場合には一部土地を売って行うとか、定期借地権の保証金を活用して、有効活用や不動産投資をお勧めしていました。

大義名分に使わない

　相続対策ということで「儲からなくてよい」と平気でうそぶく資産家もたくさんいらっしゃいました。儲からないばかりか、資産を減らしてしまいました。たくさん貸したい銀行と、なるべく高く利益率の高い箱モノを建ててもらいたい建築会社の言う相続対策という大義名分に、肝心なことを忘れてしまっていたのでしょう。

　資産家も相続対策などとは言わず、正々堂々と不労所得で思いっきり稼げばいいのです。入居者に支持される収益不動産を運営し、お金を得て、お金を回していくことが経済を活性化させていくのです。

　何も遠慮することはありません。ドンドン儲けてください。儲けることはそんなに簡単なことではありません。入居者に支持され続けなければ、長期的に儲けることは不可能です。

均分相続が増える

　最近の相続では、民法に従い均分相続をする方が増えてきました。これは、最近の相続人の考え方の変化が反映されている結果です。もう一つは、相続人全員が勤め人となって、家を継ぐという感覚が希薄になってきたからです。

　農業や商業、工業などの家業を行っている場合は、事業承継も含め後継者一人が家督相続的に相続することが今でも一般的です。

　ところが、家業はほとんどやっていなくて、賃貸経営だけで生計を立てている資産家が増えているのです。賃貸経営を家業だと認識

Chapter 1 相続

できない相続人は、相続分を均等に分けようという具合になるのです。

代替わりが進むごとにこの傾向は強くなると思われます。「継ぐ」から「分ける」相続がスタンダードになりつつあります。このことからも、相続人全員の生活設計を考える相続が必要なことがおわかりになるでしょう。

借金の相続対策

最近の潮流の一つとして、借金の相続が注目されています。過去17年間デフレが進行し借金の重みが増してきたからなおさらです。被相続人は借金して得た収益不動産でしばらく賃料収入が得られても、相続人にとっては一番ありがたくない相続財産となります。

無借金アパートなら大喜びです。しかも、リフォームされた無借金収益不動産は宝物です。

借金そのものは相続税を減らす効果が全くないことは、ある程度知れ渡ってきました。銀行は資産家が大好きです。担保力があるからです。支払い能力より担保力重視の融資姿勢が変わらない限り、借金相続は増えていきます。

確実な収益力とセットになっていない借金は、してはいけません。

5　納税対策

10ヶ月以内に現金で納付

　納税対策は公認 不動産コンサルティングマスターの出番です。相続が発生してから10ヶ月以内に現金で納付しなくてはなりません。しかしながら、資産家の多くは現金をあまり持っていません。

　理由は、賃貸経営そのものでは、あまり儲からないからです。もう一つの理由は、儲かったとしても、また次の収益不動産の取得のために使ってしまいます。もしくは、大規模修繕費に使わざるを得なくなります。多くの財産診断を行ってきてわかった現実です。

　資産は多いけど、現金が手元にない。これが普通です。したがって、納税資金を捻出しなければなりません。通常は不動産を売却します。相続時は土地を売っても周りから後ろ指を指されることはありません。

　早めに遺産分割を終え、余裕を持って売り急ぐことなく、最も高い価格で不動産を処分するお手伝いをしてください。入札ができれば、最も高く売れる可能性が高く、かつ、透明性が高いのでお勧めです。

不動産の商品化をしておく

　10ヶ月の納税に間に合わせるために、前もって納税用の土地を商品化しておくとよいでしょう。確定測量はその代表的な準備です。道路の官民査定などを含めると3〜4ヶ月、場合によっては半年も

Chapter 1 相続

かかってしまうことがあります。

　確定測量図が無ければプロは相手にしてくれません。開発が必要な広大地の場合、予め開発許可を取り、造成しておいたこともありました。広大地の評価減を得る方法もありますが、納税を優先して考えた結論です。

　収益不動産ならリフォームしておくこともお勧めです。リフォームで価値が高まるのに、リフォーム費用は相続税評価に反映されないからです。

　土地を予め利用区分ごとに分筆して、評価しやすくし、かつ相続税評価を下げておくということもよく行います。

　なかには事前に土地を売っておき、納税資金を手元に作っておいたこともありました。譲渡税の取得費加算が一部使えるので、相続時に売却するのが有利と税務上言われていますが、バタバタ慌てて投げ売りするよりは、手取りが多くなることもありますし、不動産市況によっては売り時というものがあるので、税金だけで判断するのは禁物です。

代償金の活用

　遺産分割で便利なのが代償金です。もちろん、納税資金にも回すことができます。資産の中には分割すると価値が減ってしまうものがあります。不動産には地域毎に最も坪単価の高くなる土地面積があります。都心では面積が広くなると大型のビルが建つので、坪単価が高くなります。逆に住宅地ですと、面積が広くなると坪単価が下がります。

ビル用地等は相続人別に分割せず、一人の後継者が相続し、その代わり他の相続人に代償金を支払って相続することがよくあります。ただし、それだけでは他の相続人に不公平である場合には、相続後に他の相続人にビルの収益を様々な方法で分配することもします。

　土地の最有効使用の判定は税理士さんは不得手です。公認 不動産コンサルティングマスターの出番です。

6　節税対策

評価を下げ、価値を上げる

　節税対策は3番目にという話をしましたが、実際には節税に対するニーズは高いものがあります。

　次にあげる制度上の節税策では、実際に資産価値が下がっていることがほとんどです。価値が下がるから、評価が下がるだけのことです。実際、所有する土地に賃貸マンションを建て、相続税評価が半分になって喜んでいたのに、イザ相続が発生し、売ろうと思ったら半値以下なんていうことはよくあります。

　これなど、本末転倒の代表的な例です。ちゃんと収入も入っていて、イザ売る時は逆に高くなっていたというのが、理想です。そのためには、立地を選んだり、建築コストを抑えたり、間取りの工夫が不可欠です。

Chapter 1　相続

制度上の節税

　一般的に言われているのが、制度上の節税対策です。教科書にも書いていますし、税理士さんもよくお話をします。例えば、「貸家建付地にして土地の評価を約20%下げる」とか、「借家にして、借家権割合の30%の評価を落とす」といったものです。
　もしくは、小規模宅地の評価減で、50%か80%の評価を下げるというものです。
　法人を活用して、「借地にして土地の評価を20%下げる」という方法もあります。
　このあたりはどの本にも書いてあるので、詳しくはそちらにお任せします。

時価と評価の乖離に着目

　相続税対策の本丸は、時価と評価の乖離に着目することです。路線価と時価はイコールではありません。地方では路線価＞時価という現象がよく見られます。地方財政が固定資産税に依存しているという現状を考えれば致し方ありません。
　一方、東京都心の場合はほとんどが路線価＜時価です。中には3倍の開きがある場合もありました。財政が豊かな自治体はおおらかです。あきらかに都会の地主が、地方の地主より有利です。
　建物についても同じことが言えます。地方の2階建て、3階建ての建物の評価は、固定資産税評価と時価にそれほど乖離はありません。

一方、東京都心に建てたペンシルビルの場合は、建築費が高くなるという要因はありますが、固定資産税評価が時価の約3分の1になっていることもあります。

　評価が下がり、安定した賃貸経営ができる都心もしくは中心部での資産設計は利点満載です。

　時価と評価の乖離率を計算し、乖離率の大きい不動産に組み替えて行くことも相続対策のポイントになります。

　このあたりは、私達、公認 不動産コンサルティングマスターが最も得意とするところですね。

7　優良資産への組替え

予め優良資産にしておくことが相続対策

　これまでお読みになってもう気が付かれたことと思います。相続対策とは、予め優良な資産に組み替えておくことに尽きるのです。

　相続人も嬉しい資産にしておくことです。収益力があって、借金も少なくて、相続税評価も低い資産です。同時にこれらの資産は被相続人にも嬉しい資産です。

　相続対策とは借金をすることではありません。相続前にバタバタ行うものでもありません。**予め優良な資産にしておくことが相続対策の王道です。**これができる能力を持つのは公認 不動産コンサルティングマスターではないでしょうか？

　「分割」「納税」「節税」「将来の生活設計」の4つをクリアする優

Chapter 1 相続

良資産にしておくことが、なによりもの相続対策であることを認識してください。

不良資産とは、優良資産とは

優良な資産とは、「収益力があること」「いつでも換金できること」「時価と評価の乖離があり節税力があること」、この3つを備えた不動産のことです。アベノミクスによってキャピタルゲインも見込める現在では、利回りよりも将来の価格上昇が見込めるということが、より重要視されはじめてきました。

収益不動産の場合、デフレ時代にはキャピタルゲインが見込めないこともあり、直接還元法（永久還元）による査定が主流でした。デフレ脱却の兆しが見えて来た現在、収益不動産の鑑定手法もDCF法というような、ある一定期間のインカムとキャピタルの総和の現在価値に着目する鑑定手法が、より重要視されるようになるでしょう。

しかし時代が変わろうとも、不良資産を優良資産に組み替えておくことは必須事項です。

相続人も被相続人もハッピー

相続対策は被相続人のものではありません。ましてや相続人だけのものでもありません。被相続人も相続人もハッピーになるものでなくてはなりません。

借金が少なく、収益力があり、相続税評価が低く、いつでも換金

でき、将来売却益が出るような優良な資産になっていれば、相続のことなど考える必要はなくなり安らかな生活ができます。

　なによりも大切なことは、人です、人の生活です。被相続人が思い残すことなく人生を謳歌できるような対策がなによりも優先すべきことです。そして、そのことは巡り巡って相続人にハッピーをもたらしてくれます。

Chapter 2

建築

Chapter 1　相続

Chapter 2　建築

Chapter 3　投資

Chapter 4　金融

Chapter 5　税務

Chapter 6　法務

Chapter 7　経営

Chapter 8　鑑定

Chapter 9　不動産

Chapter 10　資産設計

Chapter 11　コンサルティング

Chapter 12　コミュニケーション

Chapter 2 建築

コンセプト賃貸

ターゲットとテーマを設定しよう

オーナーを中心として、それぞれの専門家が知恵を出し合う参画型の企画をしましょう。競争力のある「勝ち組」の賃貸経営へと導くことができます。オーナーの目的をコンセプトに置き替え、ターゲットを絞りテーマを設定することにより、チャーミングな企画を生み出すことができます。

1 環境が厳しくなるからこそ企画が重要

賃貸経営は年々厳しくなっています。供給が止まらないため、競争が激しくなっています。入居者にとっては、選択肢が増え、良質な賃貸住宅に安く住めるので歓迎すべきことですが、オーナーは大変です。

市場環境が悪くなっていっても賃貸の供給が止まらないのは、建築業者の営業努力もありますが、土地オーナーのニーズがあるから

です。

　もはや土地は持っているだけでは、値上がり期待もできず、保有コストだけがかかり、そのまま遊ばせておくことはもったいないと考えるからです。

　しかし、競争がますます激しくなるのですから、漫然と賃貸経営を行っても、失敗に終わることもあるでしょう。

　今の時代、「勝ち組」になるためには、ライバルに勝つ"差別化"を行い、"地域ナンバー1"を目指す必要があります。

　そのためには、入居者を引き付ける強力な個性と魅力を持った賃貸住宅が求められるようになってきました。

　オーナーの目的に合い、その土地を最大限活かし、入居者の評価を得る賃貸住宅を建てるには、どうすればよいでしょうか？

　それは、全力で「企画」を立てるということです。けっして、手を抜いて省略しないことです。その企画の要はコンセプトです。ターゲットとテーマを明確にすることによって「勝ち組」の賃貸経営が実現できます。

　ここでは、「勝ち組」の賃貸経営を実現させるための「コンセプト賃貸」の企画方法や考え方をご紹介します。

　【建築】は私の原点といえる分野です。30年以上のキャリアを基にした暗黙知を、適切な言葉に置き替える試みを行ってみます。

Chapter 2 建築

2 オーナーの目的を考える

ウォンツを捉えた企画が通る

　企画するうえで検討すべきことは、オーナーの目的、土地の特性、想定ユーザー、資金的制約です。

　この中で最初に検討しなければならないのがオーナーの目的です。いくら良い企画を立てたとしても、オーナーの目的を理解することなく提案しては、的外れになってしまうからです。

　オーナーの賃貸経営の目的は、大きく3つに分けると、「土地有効活用」「相続対策」「不動産投資」になります。しかし、実際にはそんなに単純に分けることはできず、それぞれの目的が混在していることがほとんどです。

　コンサルタントは、むしろ、目的の裏にある動機や解決したい問題、オーナーの置かれた立場や思いを、総合的に理解することが重要になります。なぜなら、これらオーナーのウォンツを企画内容に反映させれば、企画が通りやすくなるからです。

地域貢献ということも

　土地有効活用が目的の場合は、「土地保有コストがもったいない」「せっかく土地の価値があるのに、収益を生んでいなくてもったいない」など比較的、消極的な動機が多く、「これで儲けよう」とか「これで生計を立てよう」などという積極的な動機ばかりではありません。むしろ資産が多ければ多いほど保守的な傾向にあります。

また、オーナーは地域の名士であることも多く、機能面・デザイン面・環境面などで、地域に誇れて役立つ賃貸住宅を供給したいと考える場合があります。

　不動産投資が目的の方の場合は、収益と資産の拡大を重視します。インカムゲインとキャピタルゲインの両睨みです。適地を選出し新たに購入して建築します。費用対効果を綿密に計算し、投資判断します。いずれ将来、時期を見て売却することもあります。出口から逆算して、どうするかを考えます。

　さらに資産を拡大したい地主さんや、事業に成功した経営者が不動産投資に熱心です。土地に対する思い入れやしがらみがなく、経済合理性が優先されるので、比較的わかりやすいコンサルティングとなります。

相続のことも考えて建築する

　相続対策が目的という場合は、ちょっと複雑です。「目的は相続対策です」とオーナーさんがお話しされても、実際は違うことが多いので注意が必要です。本音は「土地有効活用」であることは多々あります。

　相続対策は賃貸住宅の建設だけでは不十分ですし、賃貸住宅を建てることによって、相続税の納税用地を失ったり、相続人に分割しにくくなったりするなどして逆効果になることもあります。実際の相続対策は多種多様で複雑です。真の相続対策は、円満な遺産分割、スムーズな相続税納税、そして節税の３つですが、それにも増して重視すべきは、被相続人と相続人の個々の生活を考えた生存対策で

あり、収益対策です。詳しくは Chapter 1【相続】で詳しくお話ししているので、読み返してください。

「相続対策」という言葉は大義名分となりやすく、それぞれの立場で好きな解釈で使われています。相続のことも配慮しながら、賃貸住宅を建築するという考え方が正しいのだと思います。

3 その土地の持つポテンシャルを把握する

最有効使用は何か？

　企画を進めるにあたり次に検討することは、その土地の最大限の活かし方です。オーナーも自分の土地ですから、その土地の活用方法を日頃から一生懸命に考えていることと思います。しかし、プロの見解も当てにしたいのです。

　専門的に言えば、「最有効使用」は何であるかを判定することです。「最有効使用」とは不動産鑑定用語で、その土地が最も価値を生み出す使用方法のことです。一番高く売れる活用方法、もしくは一番利回りの良い土地活用方法とほぼ同義語です。

　「最有効使用」の決め手は、市場性です。土地の持つ特性を理解して、どんな活用方法が最も良いか判定することですが、実はこれは大変難しい作業です。なぜなら、結果は未来にしかわからないし、実験をするわけにもいかないからです。多くは、経験上からの「こんなものがいいのではなかろうか」という予測でしかありません。それでも、なんとかして「最有効使用」を想定します。

まずは住宅系、商業系、オフィス系、物流系、医療系などに分けて考え、その中でもさらに絞り込んで考えます。ユーザーニーズを絞り込むだけでもダメです。競合状況に左右されるからです。一見、需要の少なそうなものであっても、近隣に供給が少なければ、その企画が正解であったりします。時代の趨勢やその街の変化も想定しなくてはなりません。

私も経験と目利きにより、ある程度の「最有効使用」を判定することはできますが、「これだ」と断定するのは無理です。そこで、「最有効使用」の活用方法をある程度絞り込んだうえ、数値でシミュレーションして判定します。ネットの利益を土地の価値＋建築費で割ってみて、その比率が最も高いものが最有効使用であると仮定するのです。

容積消化にこだわらない

土地価格が高く面積が広い敷地の場合は、容積率いっぱいに建てるということが正解のようですが、一概にそうではないことも多いのです。

郊外のロードサイドの活用の場合など、平屋の仮設のような建物が最も収益率が高くなることはよく知られています。

東京・渋谷の繁華街でも、狭小敷地においては、地下1階・地上7階のペンシルビルよりは、3階建ての建物を建てたほうが、利回りだけでなく、キャッシュフローまで高くなったことがあります。建築会社や融資をする金融機関にとっては規模がなるべく大きいほうが良いのかもしれませんが、オーナーの視点でいえば×です。容

積未消化のほうが最適案であることはままあるのです。

　隣地を買い増す、もしくは、隣地所有者と共同事業をすることによって、専有面積の比率を高くしたり、坪賃料を上げたりすることで収益率が高くなるので、その場合には容積率を消化したほうが良くなることもあります。

オーナーニーズという制約条件

　オーナーニーズは最有効使用を制限します。予算、オーナーのリスク許容度、土地の利用期間、オーナーの主義主張などが与件となります。いくら市場性があって、良かれと思った企画であっても、実現しなければ意味がありません。

　現在、多くの建物が最有効使用となっていないのは、このあたりの与件が原因になっていることが多いようです。しかし、企画においては最も重視しなければならないことは言うまでもありません。

4　コンセプトを決める

コンセプトが成功の鍵

　図表1は過去にオーナーに企画提案した、コンセプト、ターゲット、テーマの一例です。このテーマをさらに具体的なチャームポイントに落とし込み、設計に反映させていきます。コンセプトが新鮮で、テーマが明確になると、具体的なチャームポイントが浮き彫り

図表1 ● 福田財産コンサルのコンセプト賃貸　企画例

	カテゴリー	コンセプト	ターゲット	テーマ（例）主なもの
1	ペット共生マンション I氏	人とペットがともに心地よく	ペット愛好家	ペット所有者のみ入居可
				1階店舗に獣医誘致
				ペット専用設備をふんだんに
2	外国人向け高級戸建賃貸 Y氏	ドイツ人も驚く「本格的環境共生住宅」	ドイツ人か米国人の金融マン	「和にして、モダン」な表情の外観
				外断熱工法による省エネと快適性
				家の南北に屋根より高い高木を
3	木造3階建て共同住宅 H氏	高グレード、高土地利用効率	沿線の単身社会人	短期回収　建物単体利回り15%
				フル装備で安定収入
				100コのチャームポイント掲載
4	シェアーハウス Y氏	Let's cooking	30歳独身女性	大型アイランドキッチンに集う
				業務用冷蔵庫の設置
				コミュニティーが自然に生まれる
5	環境共生型賃貸マンション N氏	野鳥とアメンボの住む街	環境にこだわる方を全国より	地球環境の保全（ロー・インパクト）
				周辺環境との親和性（ハイ・コンタクト）
				住居環境の健康・快適性（ヘルス&アメニティ）
6	支店長向け高級戸建賃貸 H氏	邸宅と高級戸建風賃貸の環境共生	上場企業支店長	快適な邸宅環境
				こだわりのある賃貸人のウォンツに応える
				8年で投下資本回収
7	トランクルーム T氏	近隣住民の捨てられない思い出、宝物を預かる	近隣のマンション入居者	敷地の北の日当たり部分を活かす
				賃貸マンションより利回りを高く
				一括借上げで手間いらず
8	サービス付き高齢者向け住宅 E氏	地域に喜ばれ話題となる	近隣戸建の高齢者	「サービス付き高齢者向け住宅」整備事業に応募
				地元住民に長期に支持されよう
				建物単体利回り10%以上にしよう
9	倉庫付きオフィス T氏	テナント同士の交流を生む郊外型オフィス	駐車場と倉庫が近くにほしいテナント	事務所、倉庫、駐車場がワンセットで
				良いものを、安く建て、安く貸す
				駅前より総額の賃料安く
10	戸建貸家 O氏	宅地開発した街の価値を高める	町内のエリート	広大地を開発して街づくり　憲章制定
				パワービルダーで建てコストダウン
				駐車場2台可

Chapter 2　建築

になり、どんどん設計に反映させていくことができます。

　逆にコンセプトがぼんやりし、テーマがはっきりしない企画では、上手くいかないことが多いです。

　コンセプトとテーマが明確になるまで、オーナーの目的の把握、市場特性、想定されるユーザーニーズを考えつくします。なかなか閃きが下りてこない時は、何度も何度も現場に行ってみます。朝、昼、夜、平日、休日など様子の違う街の雰囲気を体感するのです。ブラブラ歩いている間にふと「あっ、これだ」というものが下りてきたりします。

　創造的アイディアや企画は熟成期間が必要とされます。昼も夜も、事務所にいる時も家にいる時も四六時中考え、煮詰まるまで考えに考えぬいた時に、突然頭の中で化学反応が起きるのです。

　企画など無くとも賃貸住宅を建てることはできます。ですが、通り一遍のものとなり、市場での競争力を維持していくことは困難でしょう。

　土地があるからとりあえずプランを当て込むだけでは、そこに必然性は無く、オーナーの関心を引くことも無いでしょう。

コンセプト、テーマ、チャームポイント

　コンセプト、テーマ、チャームポイントは似ていて混同しやすいので、ここで整理しておきましょう。

　コンセプトはプロジェクトの思いをひと言で言い表したものです。例えば、「人とペットがともに心地よく」「ドイツ人も驚く、本格的環境共生住宅」などです。オーナーの思い、ユーザーへのアピー

ル、設計思想などを最も適切な言葉ひと言で表します。

　テーマは10言で表します。コンセプトを具現化させるための取り組むべき課題です。10分野ぐらいに分けてテーマを設定し、具体策に落とし込みます。

　チャームポイントはそれぞれのテーマの具体策です。1つのテーマに10個の具体策を盛り込みます。10テーマ分で100個出せれば良い企画になります。

　例えば、ペット共生マンションで、「ペット専用設備をふんだんに盛り込む」というテーマを設定したら、チャームポイントは「リードフック、ウンチダスト、ペットフェンス、ペットシャワー、ペット対応クロス、ペット用シート床材、感電防止コンセント、ペットコーナー、ペット収納、キャットウォーク」などがチャームポイントになります。

　思考は言葉を通じて行われます。コンセプトを考えている時には、色々な思いを巡らしています。コンセプトを考えながら同時にテーマやチャームポイントにも思いを巡らしているのです。プレゼンはコンセプト⇒テーマ⇒チャームポイントと順を追ってしますが、思考している間は同時多発的です。

Chapter 2 建築

まずは企画構想図を作成する

　良いコンセプトが生まれ、全体像が見えてきたところで、企画構想図を作成します。**図表2**が、まだコンセプトやテーマがよく見えていない時に作成したものです。どちらかというと、オーナーに方向性を確認していただいて間違いがないかを見てもらうために作成しています。

　図表3は、比較的コンセプトとテーマが明確になった時に作成したものです。その後の計画が立てやすく、スムーズにいきました。

　企画構想図に特別な書式はありませんが、色々な角度から検討するということがポイントです。必ず必要な項目はオーナーニーズ、土地の特性、ユーザーニーズ、です。後の項目はケースバイケースで必要に応じて様々です。

　この企画構想図を基に、企画設計に移行します。ここからは設計士の協力が必要になってきます。

5　こんな設計士と組みたい

顧客視点がある設計士

　建築コンサルティングで成否を分けるもう一つのポイントは、いかに良い設計士とタッグを組めるかということです。顧客視点があるか、企画を複数案出せるか、コスト管理ができるかなど、求めるレベルは自然と高くなります。

図表2 ● 仮称) ●●プロジェクト　戦略企画構想図　（案）

① オーナーニーズ

現在貸しテニスコートなど、スポーツ施設として地域の住民にご利用いただいていますが、事業としてとらえれば収益性はそれほど高いものとは言えません。建物や設備も老朽化しはじめ、何か良い活用方法があれば、提案してほしい。

昭和20年代から、●●工場のあった土地であり、思い入れもあるので、資産を組み替える考えはなく、本当に有効に活用できる方法を望みます。

かつて、●●建設より高専賃の提案をいただいたが、建築費に対し、収益が低く、投下資本の回収に30年？もかかる提案なので却下しました。

また、●●企業の独身寮との提案をいただいたこともあります。比較的賃料は高かったのですが、借り上げ期間が5年という短い期間だったので、不調になりました。●●側からすれば他の立地との比較もあったのかもしれません。

なお、ビル・メンテの仕事は社内で行いたい。

② 社会・経済環境予測

高齢者単身者・夫婦世帯の急激な増加に対し、施設の絶対数が不足しています。2010年で1000万世帯ですが、2020年で1245万世帯になります。高齢者施設の定員が現在155万人で、65歳以上の高齢者2946万人の5.3％しかありません。施設の多くは、特養と老健で民間の参入が制限されていました。

このたび、厚生労働省と国土交通省がタッグを組み、「サービス付き高齢者向け住宅制度」の創設を行い、高齢者住まい法の改正法が、平成23年4月28日に公布されました。建築費の補助金10％、固定資産税、不動産取得税の軽減が受けられます。一時金の問題や中途解約の問題など不透明な契約関係もクリアになります。

従来、高齢者住宅・施設等の利回りは8〜10％であり、事業としての魅力に欠けていました。この補助金の活用と建築コストの合理化（設計や構造や施工会社の選定）によって利回りが改善し、事業としての可能性が生まれました。

コンセプト

『地域に喜ばれ
話題となる**「サービス付き高齢者向け住宅」**事業の実施』
・「サービス付き高齢者向け住宅」整備事業に応募する。
・地元住民に長期に支持されるものとする。
・利回りは11％以上を目標とする。

③ 近隣特性

払下げの土地からということもあり、国の所有する敷地が多く、西は●●が建て替えを予定しており、北は●●の官舎です。住宅地としてのポテンシャルが高く、●●市においては、高台の人気が圧倒的に支持され、●●は特に人気のある地域です。

特に昭和30年代から開発が進み、公団や一戸建てに住む高齢者が多く、高齢者施設の需要は間違いないところです。

●●駅まで徒歩8分、●●駅まで徒歩14分と利便性も良く、スーパー、商店街、病院、学校等生活環境が充実しています。対象地の南に建築中のマンション125戸は建築中に完売となっています。

④ 敷地特性

●●から一歩入り、近くに●●公園などもあり、住環境が抜群のところに位置します。業務系・商業系・宿泊系には不向きで、住居系か医療福祉系に向いています。

間口が約30m、奥行きが約50m、敷地面積が1500㎡です。

建ぺい率60％、容積率200％です。東は通路と駐車場、西は建て替え予定です。

近隣との調和や、建築コストや採算性を考慮しながら、最有効使用を検討します。

Chapter 2 建築

図表3 ●●●3丁目事業 コンセプト提案

コンセプト	※ 良質な	50㎡超の2LDK、準耐火構造、高級外壁材、街づくり外構、ペット可仕様
	※ 割安に建てて	2×4 3階建で共同住宅を工務店が直接建設することにより実現
	※ 好家賃で貸す	住宅は10万円近い金額で、駐車場付き事務所は19万円以下で貸せる
	※ 全方位提案	
テーマ	① 相続対策	相続対策の王道である分割、納税、節税をトータルに考える
	② マーケティング	差別化と低価格化の両立を図り、「勝ち組の賃貸経営」を実現する
	③ 差別化	高級ペット可仕様マンションとウェルズ21（他にはない郊外型オフィース）のご提案
	④ リスク対策	満室保証と流動性の確保（いつでも、売却や物納ができる）
	⑤ 敷地の有効活用	容積率を93％消化する

① 相続対策

分割	相続人にわかりやすくしておく（孫の代まで考え）
納税	収益力で納税（売却や物納への対応も可）
節税	利用区分別に評価されるので、三方向道路加算を避け、側道の低い路線価で評価 225→210千円
	節税額 推測1億1000万円
	納税額 推測2500万円（対策無1億3600万）

② マーケティング

ニーズ	新築で10万円台がない
	ペットと暮らしたい
	駐車場が敷地内にほしい
	南向きで2階以上に住みたい
	1階希望者は庭付き、と高齢者
	⇒市場の要望に応え、入居待ち

全方位提案

2×4 3階建マンション
（9戸、18戸を2棟）
プラス
郊外型オフィース「ウェルズ」
（5区分1棟）
のご提案

③ 差別化

構造	2×4 3階建て、準耐火構造 ペット対応 重量鉄骨
仕様	石貼り風高級外壁材 ペット対応
オフィース	荷捌きは駐車場、倉庫、事務所セットで割安
外構	街の賑やかさを演出
	街の価値を高める外構計画
	全体に統一感を持たせ高級感演出

⑤ 敷地の有効活用

容積率	93％消化
駐車場	道路に面して設置（敷地にムダ無し）
向き	全棟南向き、隣等間隔確保
道路	西道路建築不可、東道路から確認取得
配置	ボリューム感の演出
	窓先空地、主要出入口、避難通路確保
	開発を避けながら、全棟同時建築

④ リスク対策

保証	10年間一括借り上げ（満室保証）
流動性	売却、物納可能
金利負担	利回りが高いので、元金が早く減る
	棟毎の総額が抑えられる
修繕費	オフィース・マンションとも建物管理費用負担小
	準耐火仕様・16㎜の高耐久サイディング
	勾配屋根付き賃貸住宅

そのような設計士は数少ないかもしれませんが、その場合には一緒に成長していきましょう。

　顧客視点とは、オーナーのウォンツとユーザーのウォンツを先取りして、具体的に図面に落とし込むことができることです。

　コンセプトとテーマに基づき、100のチャームポイントを一緒に出してくれる設計士が理想的です。細かい所へも気配りが求められます。

　例えば、

- バルコニーの奥行を1,200mmとって、実用的なものにする
- 出し入れのできる室内物干しを付ける
- ハンガーをかけられる長押を付ける
- 取って付けたような下駄箱でなく、シューズクロークを作る
- 二方向採光の間取りにする
- 樋や舛やエアコンの室外機、配電盤を目立たない位置にする
- 部屋のクロスの一面だけを別のクロスに変える
- 外壁の一部をアクセントカラーにする
- 1Rでは、夜中洗濯機を回すとうるさいので、洗濯機置場を洗面所の中に設置する
- ファミリー向けの場合は、玄関を広くしてバギーも置けるスペースを作る
- 収納スペースを増やし、中の間仕切りを充実させる
- オールLED対応とする
- 自動販売機スペースを確保する
- 外観を損なわない自転車置き場を設ける
- デッドスペース活用のクロークを設ける

これらは一例ですが、100個出せるようになるためには、日頃から引き出しをたくさん作っている設計士でなければできません。

複数案出せる設計士

プランを3案持ってきて、それぞれの特徴とデメリットを説明してくれる設計士は本物です。まず、オーナーが複数案から選ぶという行為は、オーナーの参画意識を醸成させることができ、企画がスムーズに運ぶことができるようになります。次に、メリット・デメリットを多方面から検討して意思決定した事項は、後戻りしないということです。

1案しかなければ、もっと他に良いプランがあるのではと思い、後戻りしてしまうこともしばしばです。昔から言います、「急がば回れ」です。

また、1案しか出さない設計士は、自分のこだわりが強く、自分のデザインを押し付けがちです。また、コスト面を考慮しないことも多いようです。デザイン最優先の場合はアトリエ系の設計事務所にお願いすればよいですが、オーナーの賃貸経営の目的は何かを考えて設計事務所を選んでください。

複数案出せる設計士はスピードが違います。ボリュームは1時間で出せます。一次情報として、スピーディーに回答を出せるということは、投資チャンスを逃しません。また、何かあればすぐ現場に駆けつける、報告は怠らないなど、当たり前のことだが、なかなかできないことをきちんとやれることが重要です。

コスト管理できる設計士

　いくら良い建物を建てても、コスト倒れになっては失敗です。良いものを安く建てられる設計士でなくてはなりません。もちろん、建設会社の入札で建築費を抑えることはできます。さらに、設計監理がきちんとできて追加原価を出さないことが大切です。現場管理が自らできるレベルで、細かい収まりまで現場で指示できなくてはなりません。現場管理者まかせというか、現場管理者に頭の上がらない設計士が多いので注意が必要です。

　VE（バリュー・エンジニアリング）の知識も必要です。目的に合わないものであったら、思い切って省くということも必要です。オーナーに対しても、「そこまでやる必要はないでしょう」と言える力量が問われます。

　このコスト管理ができれば、差別化した良質の建物を期待利回りの中で完成させることができます。設計士の建物は、ハウスメーカーの標準化という強みに対して対局の位置付けです。多様な対応が可能で、差別化がしやすいものの、行き過ぎてコストアップにつながってしまいます。

　企画ができて、コスト管理ができれば鬼に金棒です。良いものが安くできれば、良いものを安く貸せるのでユーザーにも喜ばれ、オーナーも儲かるという好循環が生まれます。

Chapter 2 建築

6　建築コンサルティングのプロセス

オーナー、設計士等と一緒に企画する

　コンセプトが良いと、オーナーの心をつかみ、計画に弾みが付きます。良いコンセプトはオーナーを始め設計士、設備・外構・照明などの専門家、あるいは税理士などの専門家の建設的な議論を呼ぶことができ、それぞれの専門分野で良いアイディアをもたらします。

　オーナー自らが企画に参加することほど、心強いものはありません。セールスのように、○か×かではなく、○の計画にするためにどうすべきかを考えるので、議論が前向きで生産的です。オーナーにとっては、意思決定の過程が全てオープンになっていて、メリット・デメリットなども比較検討し、最適案を選んだというのであれば、最後の意思決定もすんなり進みます。大切なことなので繰り返し申し上げておきました。

　ただし、オーナーも企画や計画が楽しくなってしまい、採算度外視なプランに陥ることもあるので、その点は注意しなくてはなりません。財務面、収支面から客観的な助言を勇気をもって行うことも時には必要です。

スケジュール説明が山場

　図表4に建築コンサルティングの主なプロセスを示しました。企画構想図が完成し、形が見えてきた段階で、それをスケジュールに落とし込んでいきます。企画構想図と違って、綿密な計画が必要です。

図表4 ● 建築コンサルティングのプロセス

1	企画構想図の作成	●ヒアリングと調査 ●ターゲットとテーマ
	⇩	
2	スケジュール表の作成	●項目と工程 ●見積りと資金
	⇩	
3	業務委託契約書	●受託内容の明確化 ●報酬の明確化
	⇩	
4	基本合意書の締結	●設計事務所、建築会社 ●共同事業会社等
	⇩	
5	各種契約締結	●請負契約 ●金銭消費貸借契約、管理契約
	⇩	
6	企画の管理	●定例会議 ●PDCA
	⇩	
7	効果の確認	●関係者との打上げ ●次の課題に繋げる

図表5はスケジュール表の見本ですが、やるべき項目と、実行する時期、費用を明確にします。オーナーが最も盛り上がる時期でもあります。この時に同時に、オーナーと業務委託契約を結び、設計士とは設計契約を結びます。スケジュール表説明の時が意思決定の最重要場面であるという認識を忘れないでください。
　図表6の基本合意書は、ある程度方向性が固まった時に結ぶ正式契約の前にオーナーと事業者が取り交わす書類です。この基本合意書が取り交わしてあれば、落ち着いて企画の詳細を詰めていくことができます。
　各種契約の締結は、建設会社と請負契約、銀行と金銭消費貸借契約、賃貸管理会社と賃貸管理契約、ビル管理会社と建物管理契約、損害保険会社と火災保険契約、各種運営会社との業務委託契約などです。

ファンづくり、リピーターづくり

　プロジェクトが終わったら、ぜひ打上げを行ってください。企画に賛同し、協力していただいた方への感謝の気持ちを形に表します。専門家が集まって知恵を出し合い、プロジェクトが成功した時の喜びはひとしおです。
　定例会議で出てきた問題を一生懸命解決していった仲間同士の関係になっています。オーナーにとっても、企画者である我々にとっても、ホッとする時であると同時に寂しくもなる時です。満足していただいたオーナーとは、10年、20年と続く間柄になっていることでしょう。

図表5 ●●マンション・ウェルズ新築工事 スケジュール表

項目		7月	8月	9月	10月	11月	12月	1月	〜	3月	4月
1 企画	現場調査	↕									
	役所調査	↕									
	市場調査	↕									
	プランニング	↕									
	資料調査		↕								
	分譲		8/15〜30 ↔								
2 設計管理	仕様打合せ		7/末〜8/31 ↔								
	事前協議		8/1〜15 ↔								
	指導要綱協議			8/16〜9/15 ↔							
	確認申請				9/16〜10/15 ↔						
	設計管理					10/16〜3/15 ←———————————→					
3 建築工事	既存解体工事				10/15〜25 ↔						
	整地（地盤改良）				10/20〜31 ↔						
	本体工事					11/1〜3/15 ←——————————→					
	外構工事								3/1〜3/15 ↔		
4 賃貸管理契約	賃貸管理契約										
	入居募集										
	入居開始										
	免責期間	引渡し後2ヶ月（マンション）3ヶ月（ウェルズ）									
	賃料支払い開始	引渡し後3ヶ月（マンション）4ヶ月（ウェルズ）									
5 資金	契約時(20%)		※●●●円(計画) 8.上旬								
	着工時(20%)				※●●●円(計画) 10/15						
	上棟時(30%)						※●●●円(計画) 12/14				
	引渡時(30%)										※●●●円(計画) 3/15
	※諸費用は都度払いといたします										

Chapter 2 建築

図表6 ● 基本合意書

　　　　　　　　　　合　意　書（例）

●●（以下「甲」という。）と●●（以下「乙」という。）は、本日、下記事項を合意する。

　　　　　　　　　　　　　　記

1. 甲および乙は、別紙物件目録の各土地上に、平成●●年●●月●●日を目途とし、乙の求める仕様にて、●●●●（以下「本物件」という。）の建築工事に着手できるよう協力するものとする。

2. 甲は、乙に対し、本物件の工事が完成した場合には、同物件を賃貸し、乙はこれを賃借する。

3. 甲と乙は、後日第1項の仕様及び第2項の賃貸条件等に関する詳細を、協議の上定めるものとする。

4. 甲と乙は、本件合意書に則り、本物件の建築工事、仕様及び賃貸借条件の詳細についての協議を行うが、甲乙間にてこれらの協議が調わなかった場合、本件合意書は当然に失効するとともに、甲乙とも違約金、損害賠償金その他名目の如何を問わず金員支払義務を負わないものとする。また行政指導等、甲乙の責に帰すことのできない事由により、本件合意書における合意内容の遂行が困難又は不可能となった場合も同様とする。

　　　　　　　　　　　　　　　　　　　　　　　　　　　　　　以上

上記のとおり合意したので、本合意書2通を作成し、甲及び乙が各1通保有する。

平成●●年●●月●●日

　　　　　　　甲　住所
　　　　　　　　　氏名

　　　　　　　乙　住所
　　　　　　　　　氏名

＜物件目録＞
所在：●●
地番：●●
地目：●●
地積：●●㎡

Chapter 3

投資

Chapter 1　相続

Chapter 2　建築

Chapter 3　投資

Chapter 4　金融

Chapter 5　税務

Chapter 6　法務

Chapter 7　経営

Chapter 8　鑑定

Chapter 9　不動産

Chapter 10　資産設計

Chapter 11　コンサルティング

Chapter 12　コミュニケーション

Chapter 3 投資

投資判断

欲と恐怖のバランス取れていますか

投資によるリターンは労働によるリターンよりもはるかに大きいのですが、それはリスクを取るからです。優れた投資家は、投資判断を行うための厳格なモノサシを持っています。経験や勘と度胸ではなく、自分で定めた投資判断基準を守ることによってリスクを軽減しましょう。

1 マインドコントロール力を身につける

　Capter 2 では建築コンサルティングで、土地の有効活用を取り上げました。先祖伝来の土地や思い入れがあって売れない土地などに対し、その保有コストに見合う土地の最有効使用を助言するコンサルティングです。
　一方、不動産投資はもっとアクティブで自由な発想で行います。所有する土地の制約の中で考える必要はありません。最も有利な地

域、投資対象、時期を自分の才覚で決められるのです。時には大きなリターンを得ることも可能です。

　ただ、選択の範囲が広いため、投資哲学と投資尺度を持っていなければ、リスクも高くなってしまいます。投資は「欲と恐怖のバランス」の中で、マインドをコントロールすることが一番難しく、マインドのコントロール力が成果に直結します。弱気の虫が高まり過ぎれば、投資行動を起こすことができず、機会損失となります。逆に強気の虫が高まれば、必要以上のリスクを取り過ぎ、資産の損失を招きます。

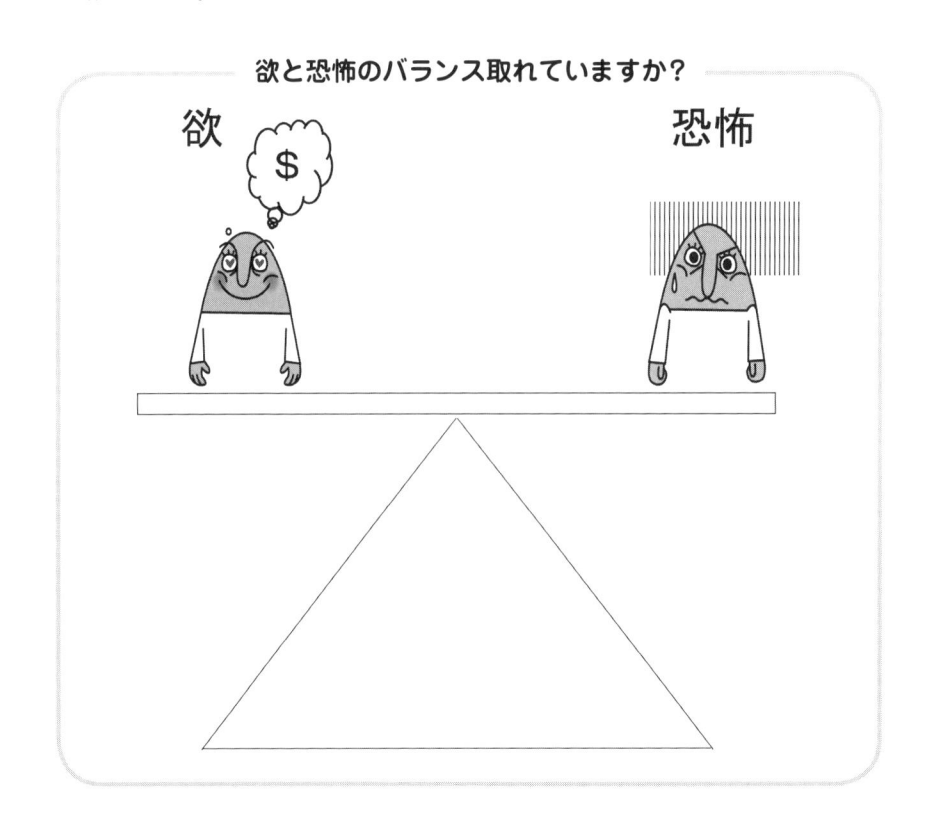

欲と恐怖のバランス取れていますか？

Chapter 3 投資

　マインドのコントロールは「目利き力」や「意志力」だけで行うには限界があります。確固たる投資哲学に基づいたうえで、数値で冷徹に価値判断する技術が必要です。それが投資判断の技術です。
　ここでは投資の根幹となる投資哲学にも言及しながら、その哲学を支える投資判断の技術について情報提供します。私が投資家に語りかけるような気持ちで執筆してみます。

2　不動産投資とは

資産を守り活かす

　残念ながら、不動産投資は限られた方にしかできません。資産の少ない方や給与が生活費に消えてしまうような方では無理です。最近では、無責任にもこれらの対象者でない方にも夢を売り、強引な不動産投資を勧める人達が増えているのは残念です。
　資産家のもとに生まれた方か事業に成功した方のどちらかで、余裕のある方、つまり余裕資金がある方が対象であるという現実を直視してください。
　資産家でない方が、資産家になるために不動産投資を行うという発想は、たいへんリスクが高いのでお勧めしません。
　不動産投資はポートフォリオの手段の一つで、持っている資産をいかに守っていくかという視点で考えるべきです。
　親から受け継いだ資産、自分で事業を起こして築いた資産、高額給与所得者がコツコツ貯めた資産、これら大切な資産を失わずに

守っていくために行う対策の一つが不動産投資です。

経験、勘、度胸ではない

　不動産投資の本質は「資産を守る」ということであると申し上げました。「資産を守る」ということは、他人が思うほど簡単なことではありません。頭の痛い話です。不動産資産家であれば、何もしなければ、固定資産税や相続税で国に持っていかれ、資産が目減りしていきます。資産デフレによる目減りの影響も大です。金融資産家であれば、預貯金や債券での運用では利息がわずかで、インフレにより実質目減りの心配があります。20年弱続いたデフレも収束しつつあり、現実味を帯びてきました。

　ではどうするか？　持っている資産を活かすことによって、目減り分以上に増やすしかありません。そこで投資をすることになるのですが、失敗して逆に資産の目減りを早めるリスクも負うわけです。

　「資産の目減りはイヤだ。投資に失敗はしたくない」という気持ちはわかりますが、リスクを負わなければリターンはあり得ないのです。リスクに見合ったリターンを得るために、情報を集め、投資リテラシーを高める努力が必要です。

　一番危ないのが、KKDです。経験（K）と勘（K）と度胸（D）、成り行きで投資を行うということです。投資には欲が付き物なので、つい KKD で実行してしまいます。もっとも、KKD がなければ前に進まないということも事実ですが。

Chapter 3 投資

投資の前に投資哲学を

　単に儲けたいという動機で投資しても、マーケットから退場を求められてしまうでしょう。投資の目的と人生設計（大袈裟だと思う方は生活設計）に合致した投資哲学が必要です。

　「できるだけたくさん儲けたい」という動機ではダメです。例えば「これだけの資産はどうしても承継したい」「自由に使えるお金が月50万円ほしい」「5年以内に3倍にして、その資金を次の事業資金に回したい」など、できるだけ具体的な目標を持つことから始めます。

　次に、その目標を達成するために必要なリターンを見定めます。そのリターンに応じたリスクを負う覚悟を決めます。そのリスクを負う覚悟ができなければ、目標を下げることも検討します。リスク許容度という概念がありますが、これはたいへん個人差があります。資産背景がリスク許容度に直結しますが、投資家の投資哲学がその幅を規定します。

　安全運転第一という方もいれば、投資のドキドキワクワク感が生き甲斐だという方もいます。投資の成果が自分自身の生活設計、ひいては人生設計にそのまま影響を及ぼします。自分の人生設計の中で、どの程度の範囲で投資を持ち込むのかを決め、それにあった投資方針を明確にしておくことをお勧めします。無計画、無目標の場合、損失を負った時に制御不能な行動に至ることがあります。

3 原理原則を正しく理解する

リスクとリターンは正比例

　突き詰めれば、リスクとリターンは正比例します。リスクを減らしたいということで、「不動産投資なら、商業系より住居系がいい」と思う方は数的には圧倒的に多いです。

　ワンテナントや少数テナントの商業系の場合、テナントが退出した時の収入減が大きく、リスクが高いと感じます。景気の影響に左右されるという話もよく聞きます。このように商業系はリスクが大きいので、当然リターンも高くなります。競争相手が少なく、利回りの大きいものが狙えるといえるでしょう。資産背景に余裕があり、リスク許容度の高い方であれば、投資対象となります。

　商業物件に投資する際のポイントは、リスクをなるべく負わないような対策を打って投資することです。

　例えば、

① 次のテナントが入るような立地であること
② 保証金をきっちり取っておくこと
③ 保証金の償却を取っておくこと
④ 原状回復費用の負担を明確にしておくこと
⑤ テナントの保証人は資力のある方限定とすること

などです。

　競争が少ない分野での投資なので、成功する可能性が大きいといえます。リスク許容度の高い方の場合、リスクを取りに行けるので、

Chapter 3 投資

成功する確率も成功の度合いも高くなってきます。お金持ちがさらにお金持ちになるといわれる所以です。

トレンドフォローか逆張りか

　不動産投資も他の投資と同じく、トレンドフォローの投資スタイルか逆張りの投資スタイルが基本です。

　「トレンドフォロー」とは、これから成長するだろうという地域や分野に投資するということです。例えば、新駅のできるエリア、オリンピックで注目を浴びるエリア、新興国の不動産などがその典型例です。

　もっとも、そのトレンドが明確になり、上昇傾向にある時に投資する場合、その時点が既にピークアウトに近いところだったというのはよくある話なので、新駅やオリンピックといった、わかりやすいストーリーに飛びつくことが必ずしも正しいとはいえません。

　もう一つの投資スタイルは「逆張り」です。価値と価格の乖離に目を付ける投資です。実際の価値は100あるのに、マーケットでは60の価格を付けているという状態を見抜いて投資します。リーマンショックなどであまりにも悲観的なムードが広がると、実際の価値よりかなり低い価格になっている時があります。そんな時に思い切って投資するスタイルです。株の世界で言えばウォーレン・バフェットの得意とするバリュー投資という考え方です。

　不動産は、実際の価値は収益還元価格や積算価格などである程度誰でも判定できるので、逆張り投資向きかもしれません。

　どちらの投資スタイルでもタイミングが一番の肝で、どんな物件

に投資するかというより、「いつ投資するか」ということが重要な要素になります。何もしない期間が長くても、我慢できる強いマインドでなければなりません。

　今のタイミングは、アベノミクスの第二幕が期待できるトレンドフォローのタイミングであると考えられる時期でもあるし、反対に今がピークアウトだと考えることもでき、判断が難しい時期です（投資判断はいつの時期も難しいのですが）。

　トレンドフォローの投資スタイルの方は、今までの値上がりは、あまりにも下がり過ぎた不動産価格が戻っただけで、これからアベノミクスの効果が顕在化するので、チャンスだと考えます。一方、以前の利回りや価格が頭にあって、今の価格は価値に対し高すぎると思う方は投資を控え、売り時だと考えます。

　いずれにしても、買いたい方、売りたい方のどちらもが多く存在し、市場が動いているのが現在のマーケットです。

分散投資が王道

　投資のタイミングを読み切ろうと考えると、なかなか投資はわからないとなってしまいます。そんな方にお勧めなのが分散投資です。投資対象、投資エリア、投資時期を分散させて、資産価値の変動幅を少なくさせるということです。

　金融商品の投資信託では、通貨を円とドル、債券と株、新興国と先進国、積立投資による時間の分散など、投資先と時期を分散させてリスクを減らしています。

　不動産においても、同様に分散させることが大切です。一番ダメ

なのは、地元だけに同じ種類の不動産を持つということです。居住系・ビル系・商業系、都心・郊外・地方、新築・築浅・老朽など投資対象、投資エリア、投資時期を分散させることです。実際に様々な種類の不動産を所有することにより、視野が広がり、投資への理解が深まります。

グローバル化の時代です。日本国内だけでなく海外の不動産に投資することも当たり前になってきました。

4 本当の利回りは（図表1）

純利回り（NOI利回り）

不動産コンサルタントであるならば、表面利回りで投資判断する方はいないと思います。ですが、表面利回りも捨てたものではありません。年間家賃を把握することは簡単なので、一義的に判断する指標としては有効です。

利回りをネット利回り（NOI利回り）で判断するということは常識ですが、これがまた難しいのです。

難しいのは支出の判断と空室率・家賃の想定です。支出の中で、固定資産税、賃貸管理費、建物管理費、火災保険などの費用は比較的簡単に想定することができますが、空室に伴う原状回復費用、広告費や修繕費は想定より多くかかることが多く、注意が必要です。

空室率の想定も甘いケースが多いと思います。最近では、退去が決まっても、退去後リフォームが終了するまで募集は実質できない

図表1 ● 利回りの種類

$$\text{表面利回り} = \frac{\text{年間収入}}{\text{総投資額}} \times 100$$

$$\text{ネット利回り(NOI利回り)} = \frac{(\text{年間収入} - \text{諸経費})}{\text{総投資額}} \times 100$$

$$\text{投下資本収益率（ROI）} = \frac{(\text{年間収入} - \text{諸経費} - \text{減価償却費})}{\text{総投資額}} \times 100$$

$$\text{総資産利益率（ROA）} = \frac{\text{ネット利益（年間収入} - \text{諸経費）}}{\text{総資産}} \times 100$$

状況なので、必ず入れ替わり時点の空室期間を見ておく必要があります。賃料もデフレが完全に脱却するまでは甘い想定はできません。

これらの不確定要素を厳密に見るか見ないかで、支出は大きく変わります。したがって、NOI利回りも恣意的に変動します。中古の場合は、昨年度、一昨年度、できれば3年前までのトラックレコードを売主側から提供してもらえれば、判断しやすくなります。

ゼネコンやハウスメーカーの提案書の経費率をチェックすると10％くらいになっているケースが多いのですが、実際の実績値では経費率が20～30％になっていることが多いです。

投下資本収益率（ROI）が正しい

私は適切な利回りは、この投下資本収益率だと思っています。不動産投資の投下資本収益率はNOI利回りの経費に減価償却費を加

えたものです。会計上の営業利益率に相当するものです。なぜ減価償却費を加えるかといえば、その分建物の価値が目減りしているので、包括利益が減少していると見るからです。

例えば、1億円の木造アパートを建て、20年で減価償却し、建物が滅失したとすれば、年間500万円の包括利益が消えているということになるのです。金融商品でいえば、元本が目減りしている状態になります。

だから会計上の利益がマイナスになっていれば、その事業は包括利益で見れば赤字になっているということです。よく営業マンが「税務上の赤字ですから心配ありません。キャッシュフローは黒字なので大丈夫です。これが節税効果というものです」と説明しますが、これはロジックのすり替えです。赤字は赤字に過ぎなく、そんな計画を実行してはいけません。減価償却費が年々減っていくことによる増税の説明もしてはくれません。

減価償却費も含めた、損益で判断することが大切です。収支計画より損益計画が大切であることを認識してください。

総資産利益率(ROA)が大切

私がもっと大切にしている利回りは、ROAです。その方が持っている資産の総額に対する、ネット利益の利回りです。資産の中にはリスクを取って利回りの高いものもあるし、その逆もあります。自宅のようにリターンのない資産もあります。トータルでどれだけの利回りがあるかが重要で、ROAを高めることが目標になります。

不動産投資であれば、土地と建物を同時に購入するので、ROAの

概念を理解しやすいのですが、土地有効活用の場合は、投資する建物の金額に対する利回りで判断してしまいます。土地有効活用の利回りも、土地価格＋建物価格を分母として投資利回りを判断しなくてはなりません。

5　安全性判断

ボラティリティー

　ボラティリティーという言葉を聞いたことがありますか？　金融業界でよく使われる、価格の変動幅のリスクのことです。価格の上下幅が大きいほどリスクが高いと言われます。先月は10%上がったけど、今月は15%下がったということになれば、「上下幅が大きいのでリスクが高い」と見るのです。国債などは利回りは低いのですが、ボラティリティーも低くリスクも少ないと見られます。
　標準偏差という数値できちんと表されるので、明確な投資判断の材料となっています。
　ところが、不動産ではこのような標準偏差でボラティリティーを示すことは困難です。せいぜい、商業系はボラティリティーが高く、次にオフィス系、住居系が低いといった程度です。しかしながら、この考え方は応用できるので、賃料の上下幅を検討しながら投資することも大切です。
　一括借上げはものすごく得な投資方法だと私は思っています。多少の経費は余分に取られるかもしれませんが、賃料の変動幅が無く、

Chapter 3 投資

ボラティリティーが少ないということです。空室のことを心配しなくてよいということは、精神衛生上この上なく好ましいことであり、最も利回りの高い本業に集中できるというメリットを享受できます。

レバレッジとDSCR

不動産投資といえばレバレッジの効用がうたわれます。「てこの原理」です。自己資金を少なくし、なるべく多くの融資を受けて大きな投資を行い、投資リターンを高めるということです。手元資金が少なく投資ができるという誘惑は魅力的です。ですから、なるべく多くの融資を引っぱりたくなります。

しかし、レバレッジは諸刃の剣です。逆回転したら、資産を大きく減らしてしまいます。FXでは、日本でも以前は100倍のレバレッジをかけることができました。1ドル100円の時に、100倍のレバレッジをかけて、為替が1円動いたとします。予想どおりに動いたら、掛け金は2倍になり、反対に動いたら掛け金はゼロになります。今の時代、為替が1日で1円動くことなど珍しいことではありません。

不動産投資でいえば、全額ローンで投資をするようなものです。本当に良い投資チャンスが生まれた時であれば、思い切って全額ローンで投資するのもありですが、一般的にいえば、ローンは総資産の半分までにしておきたいです。プロの不動産投資ファンドやリートでさえ、負債比率は49％以下なのですから。

もう一つの指標がDSCRです。負債支払安全率です（**図表2**）。返

図表2 ● DSCR

$$\text{DSCR（負債支払安全率）} = \frac{\text{元利金返済前キャッシュフロー}}{\text{元利金返済額}}$$

済額に対して、どのくらいのネット収入があるか、その余裕度を比率で表したものです。月額のネットの収入を月額のローンの支払いで割ると出せます。理想は2.0、1.5あれば優良、1.3ならば可といったところです。

ボラティリティーや他の資産のDSCRによって、適正DSCRは変わります。他の資産のDSCRが高ければ、今回はDSCRが低くても将来値上がりしそうなので投資するという判断もありです。

無借金経営のススメ

DSCRが無限大なのが、無借金経営です。私は20年以上前から無借金経営を推奨していました。賛同者も多く、資産家の多くの方々に共感を得ています。これらの資産家の方は本能的に、逆レバレッジの怖さを感じているのだと思います。

無借金経営もしくは無借金経営に近い手法としては、定期借地権の設定、建設協力金によるコンビニの建設、土地を売却してアパートを建てる、資産の組替え、借地の交換、マンションディベロッパーとの等価交換など、考えれば色々あります。アパートのローンを10〜15年程度にして、元金均等払い、繰上返済にして、なるべく早く無借金経営に持っていくということでもよいでしょう。

一番ダメなのが、入ってくる家賃が全部自分のものだと勘違いし、

浪費癖を付け生活の支出が増えてしまうことです。実際の賃貸経営では、ローンの支払いの他、税金、修繕費など想定以上にお金がかかることが多く、やがて資金繰りに苦労している方々を多く見ています。無借金経営にして、そのインカムで消費を楽しむのであれば安心です。

6 出口戦略

取得時に売り時を想定

　不動産は一度持つと手放すのが惜しくなってしまいます。金融商品は流動性が高く、リスクオフの時は国債を買い、リスクオンになると株式に投資するといった具合に、資産のリバランスが頻繁に行われます。本来、不動産も、そのポートフォリオを時代時代に合わせて変えていくということが必要なはずです。

　また、不動産は築浅の時は空室率も低く、家賃も安定し、修繕費もかかりません。そういうこともあり、プロの不動産投資ファンドは美味しいところだけを享受しようと考え、古くなったら売って新しいものに買い換えます。

　この行為が不動産投資の本質をついています。先ほど述べた無借金経営にして持ち続けるか、出口を想定して良いタイミングだけ投資するか、どちらかにすべきです。

　相続対策で不動産投資をするのならば、相続直前で購入し、相続直後で売却するのが一番リスクの少ない投資になります。

DCF法で投資判断

投資するタイミングで、いつ売るかを考えてみましょう。最終的には所有期間のネットの利益と売却時の利益（損益）の総和に価値があることに気が付くはずです。

投下できる資本が現金で1億円だったとします。投資用の口座にそのお金を移し、不動産投資を行います。レバレッジをかけるもよし、かけなくても構いません。毎年家賃収入があり経費が出ていき税金を支払います。5年後に売却して精算し、税金も支払いました。その口座に現金が1.3億円残っていたとしたら、5年間で3,000万円増えたという投資結果になります。

毎年の収支が黒字であっても、売却時には損を出してトータル赤字ということもあるでしょう。逆に、毎年は赤字なのに、売却時には譲渡益が出てトータル黒字になっていることもあるでしょう。

このシミュレーションに便利なのが、DCF法による投資判断です（**図表3**）。私は投資期間を概ね長期譲渡所得税に該当する6年間に設定して考えることが多いです。

DCF法の特徴は、期間の設定、各年のキャッシュフロー、売却年の処分キャッシュフロー、割引率（≒NOI利回り）で構成され、現在価値に割り戻して計算します。

DCF法で算出した、純収益の現在価値の総和と売却時の現在価値の合計（A）が、購入価格より高いか低いかで判断します。（A）が購入価格より高ければ買いで、低ければ見合わせるか、値下げ要求します。

アベノミクスの影響で投資物件の価格が上がり、永久還元法の直

Chapter 3 投資

図表3 ● DCF法による取得価格の算定（例）

◆割引率（＝期待利回り）　4.5%　　　　　　　　　　　　　　　（千円）

	1年目	2年目	3年目	4年目	5年目	6年目	
収入	15,000	15,225	15,453	15,685	15,920	16,159	
支出	3,000	3,045	3,091	3,137	3,184	3,232	
純利益	12,000	12,180	12,363	12,548	12,736	12,927	
複利現価率	0.956938	0.91573	0.876297	0.838561	0.802451	0.767896	合計
純利益の現在価値	11,483	11,154	10,833	10,522	10,220	9,927	64,140 (a)

（千円）

	6年目売却額	
正味売却額	287,276	
複利現価率	0.767896	
正味売却の現在価値	220,598	(b)
	(a) + (b)	
算定価格	284,738	(A)

※収入と支出のインフレ率　1.5%
※支出は経費率20%とした。
※6年目の売却金額は6年目の純利益を4.5%で割り戻した金額とした。

> （A）＝純収益の現在価値の総和（a）＋売却時の現在価値の合計（b）　＞　売買価格
> ※上記の式が成り立つ時は（上記例では284,738千円以下で購入できれば）、投資適格と判断します。

　接還元の利回りは下がっていますが、DCF法で判定する場合には、将来の家賃の値上がり期待や割引率の低下で、投資価格が適正であったりすることを理解することができます。デフレが終焉するとなれば、これからの時代はDCF法で投資判断する必要があります。

持って良し、売って良し

　最後に不動産投資の王道をお話しします。それは「持って良し、売って良し」という不動産に投資するということです。インカムが潤沢で、いつ売っても売却益が出る物件への投資です。

　では、どのようにしてそのような不動産を得るのか、ズバリそれはタイミングです。リーマンショック後のような金融引き締め時、競売前の投げ売り、決算前の投げ売り、相続納税用不動産の投げ売りなどを狙います。買った時点ですぐ売ったとしても、20％くらいの利益が出るような買い方をするのです。

　そのような物件は問題が多いこともありますが、その問題を解決すれば、ちゃんとした投資商品に生まれ変わります。リスクをある程度取り、付加価値を自分で付けるという前向きな発想が大切です。古いビルであったとしても、テナントに立ち退いてもらい、リモデリングし、ブランドテナントを誘致し、坪賃料を大幅に上げられれば、「持って良し、売って良し」の優良不動産に生まれ変わります。

Chapter 4

金融

Chapter 1　相続

Chapter 2　建築

Chapter 3　投資

Chapter 4　金融

Chapter 5　税務

Chapter 6　法務

Chapter 7　経営

Chapter 8　鑑定

Chapter 9　不動産

Chapter 10　資産設計

Chapter 11　コンサルティング

Chapter 12　コミュニケーション

Chapter 4　金融

事業再生

金融側から見た不良債権

事業再生では、債権者の下手(したて)に出る必要はありませんし、戦う必要もありません。共通の目的を持った仲間と考え、一緒に前向きに対処します。世間の目など気にせず、冷静に債権者の立場を理解しながら現実的な対応を図ることにより、現状を打破しましょう。

1 依頼者（債務者）を守ってあげる

　景気が良い時は、土地有効活用や不動産投資を通じた不動産コンサルティングの依頼が多いのですが、逆に景気が悪くなり金融引き締めが起こると、不良債権の処理の一環として、任意売却や競売のコンサルティングが増えます。不動産コンサルティングは環境変化に応じ、注力する業務を変えていくことができるのです。
　不動産コンサルタントは依頼者を債権者の強引な資金回収から守ってあげ、少しでも楽にしてあげることができます。

状況により対応方法はまちまちですが、基本は債権者の立場も踏まえながら、現実的に対応していくことです。けっして、債権者の言いなりになるのではなく、ケンカするのでもなく、両者の目的に合致するようにして問題を解決していきます。

　最初から売却ありきという姿勢ではいけません。依頼者の目的は売却することではありません。不良債務の問題解決です。リスケ(リスケジュール：返済方法の見直し)によって、再生できるかもしれません。その時は大変感謝され、信頼を勝ち得、いずれ巡り巡って別の形で報酬に結びつくのです。

　リスケによっても再建が無理だとなれば、やがて任意売却の依頼を受けることになります。

　私は以前ハウスメーカーに勤務していた時、金融機関を訪問して、富裕層へ土地活用の共同提案をするのが仕事でした。その時から数々の金融機関の支店長と交流を深めることができ、金融機関の立場を理解する機会に恵まれました。

　ここでは、金融側から見た不良債権や担保不動産の位置づけを理解しつつ、依頼者の立場を尊重した事業再生の考え方や方法についてご紹介します。

2　依頼者（債務者）の気持ち

不良債務者になると

　債務者は言います、「夜ぐっすり眠れません」と。債権者から継続

Chapter 4　金融

的にプレッシャーを受けています。正義感が強く、何とかしたいと思っていても「問題のるつぼ」に入り込み、悩むだけで何もできない状態でいます。

　本業の事業会社の業績は悪化して回復の目途が立ちません。資産管理会社で行っている賃貸経営も、最初の10年は良かったのですが、その後空室率と賃料の下落、修繕費の増加で、こちらも苦戦しています。本業の赤字分を賃貸経営の利益で補填していたものの、今ではそれもできません。

　やむを得ず、社長個人の未利用地や低利用地を売却して換金し、事業会社や資産管理会社に貸し付けることになります。

　一時しのぎにはなっても、業績は回復せず、社長個人の貸付金も底をつきます。またしても個人の資産を売却して、急場をしのごうとするも、残りの不動産は個人保証していることもあり、抵当権がべったり付いて身動きが取れません。売却したとしても、その資金は借金返済に回り、事業会社への運転資金には回せません。悪循環のサイクルが始まります。

金融機関にも道義的責任が

　「どうしてこんなことになってしまったのでしょうか？」債務者は昔の良き時代を回想しつつ途方に暮れます。金融機関は、調子の良い時は頭を下げて「ぜひ借りてください」と積極的です。賃貸マンション経営を始めたのも、「資産管理会社を作って、賃貸経営をしてみませんか？　融資は優遇金利でいくらでもしますから」という金融機関の勧めです。

今では本業の赤字に加え、賃貸マンションの赤字が加わり、弱り目にたたり目です。金融機関も手のひらを返すように、冷たい対応です。貸し付けた支店長はとっくの昔に転勤しています。すでに、5人目の支店長です。過去の経緯は知るよしもありません。あの当時の支店長の日参は何だったんだろうと。

　貸し付けた金融機関は、債権者で被害者という立場です。しかし、貸し付けた責任はないのか？　加害者ではないのか？　という疑問が頭から離れません。金融機関だって道義的には責任があるのでは？　と思いつつも、不動産は担保に取られています。競売にかけると言われてしまえば、それで終わりです。文句が言いたくても言えません。債務者は不満を感じつつストレスの溜まる生活を送っています。

世間の目が心配だ

　「自宅を売ることは死んでもできません。変な噂がたったら会社のお得意様や取引先に良からぬ疑いをかけられ、会社の存続にかかわります。景気が良くなることを祈るばかりです」

　ところが、赤字の原因は景気のせいではありません。市場の変化によって、需要が減退していることや、代替需要や競合の台頭により競争優位性を失っているなどの構造的要因であるものがほとんどです。そんなことはなんとなくわかっているけど、認めたくありません。

　経費の削減と人のリストラをしても、業績の回復が見込めないとなれば、いよいよ最後の決断です。廃業か破綻か。そんな時に心強

Chapter 4 金融

いパートナーが不動産コンサルタントです。我々不動産コンサルタントには、この切羽詰まった時点での相談が多いのが特徴です。

3 金融機関（債権者）の立場

不良債権額を明確にしたい

　次に金融機関の立場で考えてみましょう。金融機関はあくまでも合理的です。損失をいかに少なくするかが正義です。

　債務者のキャッシュフローがマイナスで、経営改善計画による業務改善の見込みがなければ、不良資産を償却する必要に迫られます。債権放棄か債権譲渡か民事再生か破産などの法的整理です。

　債権放棄は金額の基準が明確でないので嫌がります。複数のサービサーに打診し、最も高く提示してくれたサービサーに債権譲渡するのであれば、市場原理により成立した金額とされ、堂々と償却が可能になります。

　もっとも、大義名分として相応しい金額は、裁判所のお墨付きがあるものです。すなわち、法的整理です。後々税務署からの寄付金としての認定課税を心配しなくてもすむからです。したがって、債権者の立場から見ると、法的整理が最も安全な償却方法になります。ただ、不良債権額の適正金額を金融機関が税務署に証明するのは、実務的には大変なことなので、一般的には債権放棄をしないのです。

　よって、サービサーに債権譲渡するのが一般的です。債務者は、後はサービサーという新債権者と協議してくださいと言われ、バト

ンが承継されます。

競売より任意売却が好まれる

　金融機関は地域に密着して営業しています。債務者は地域の名士であることも多く、あまりにも強引な取り立てにより金融機関の評判が悪くなることを恐れます。債務者にも禍根を残さず、ソフトランディングで解決を図りたいと考えています。

　競売より高い金額で売れるのならば、債権者は任意売却を拒む必要はありません。債務者が別会社を作って、別会社に売却するとなると、金額の客観性が問われますが、第三者であれば問題視される心配はありません。

　競売による解決は、債務者の信用不安を招くので、債務者の命を絶つことにもつながります。できれば憎まれたくない債権者（とりわけ原債権者）は任意売却を支持します。

　また、競売は時間がかかるので、時間的なロスを考えると任意売却に同意する動機づけになっています。

　もっとも、法的整理が望ましい場合もあります。暴力団関係から身を守ることや債権者が複雑に絡んでいる場合、関連会社の連鎖倒産を防ぐ手段としても、有効な場合があります。

サービサーはドライに対応する

　債権者には2種類あって、銀行のような元々融資を行った原債権者と、債権譲渡で債権を購入したサービサーのような新債権者です。

Chapter 4 金融

　債務者から見れば、どちらにおいても債務額が変わるわけでもなく、一見、影響がないようにも見えます。ところが、新債権者は貸し手責任がないので、その意思決定は合理的です。原債権者のように回収金額を内々で教えてくれることもなければ、一部の資産を別会社に譲渡することを認めてくれるなどということもあり得ません。

　サービサーは取得価格より高く債権を回収することが目的であり、一括回収が得なのか、分割回収が得なのか、競売が得なのかを考えて回収計画を決定するのです。

　原債権者は新債権者に債権譲渡した段階で損失が確定し、無税償却できるので問題の処理が完結できます。最近まで、金融機関の多くが法人税を納税していなかったのは、過去に償却した損失が繰り延べされていたからです。

　サービサーの法的請求権の金額は高くとも、実際に取得した金額はそれよりもはるかに低いのが一般的です。したがって、債権の取得額を超えて回収できれば、残りの法的請求権を放棄してもらいやすく、原債権者よりもハードルが低くなるという現象が起きます。この時に注意していただきたいのが、債務免除益が債務者に発生し、税金の支払いで苦しむことになることです。

　任意売却で売却した土地に譲渡税が発生し、売却資金は全て債権者に行き手元にお金が残らないのに、税金は納めなくてはならないということと同じような問題が発生します。

　債務免除益と譲渡税まで目配りしておかなければ、せっかく債務を解消したと思ったら、今度は国が税金の債権者として債務者を苦しめることになります。その場合は破綻せざるを得なくなるでしょう。

4　債務者区分と資産の分類、貸倒引当金

債務者区分のどこに該当するか

金融機関との交渉の中で最初にすべきは、債務者区分の把握です。金融機関は貸出金等の資産価値を自ら査定して分類することになっており、この分類作業を自己査定と呼んでいます。その分類は、破綻先、実質破綻先、破綻懸念先、要管理先、要注意先と正常先に債務者区分しています。

その内容は**図表**のとおりで、3ヶ月以上延滞の「要管理先」の区分までは、リスケにより救済ができるレベルですが、それ以上の「破綻懸念先」の段階になると、経営改善計画の進捗も芳しくなく、いずれ経営破綻に至る可能性が大きいとされます。このあたりの境界線の債務者をなんとか救えないかと知恵を絞るのが、コンサルタントの役目でもあります。

資産の分類はどのようにしているか

次に債務者区分ごとに、金融機関が保有している貸出債権について、担保・保証などによる債権回収の可能性を評価して、回収リスクの低いほうから順に、非分類、Ⅱ分類、Ⅲ分類、Ⅳ分類に仕分けします。

破綻懸念先の場合で見ると、非分類とⅡ分類、Ⅲ分類に貸出債権を分類します。Ⅲ分類の大小によって損失額が上下します。

要注意先（要管理先）では、非分類とⅡ分類に貸出債権を分類し

Chapter 4 金融

図表 ● 金融機関の自己査定の債務者区分と資産の分類、貸倒引当金

債務者区分		資産の分類				貸倒引当金
		非分類	II分類	III分類	IV分類	
		問題のない資産	危険を含む資産	損失可能性大の資産	回収不能・無価値	
破綻先	法的・形式的破綻	預金担保・保証などで保全された部分	不動産・保証などで保全された部分	担保評価額と処分見込額との差	左記以外	III・IVの全額を個別貸倒引当
実質破綻先	実質的破綻					
破綻懸念先	破綻可能性大			左記以外		IIIを実績率に基づく、3年間の予想損失額を個別貸倒引当
要管理先	3ヶ月以上延滞・リスケ		左記以外			非・IIを実績率に基づく、3年間の予想損失額を一般貸倒引当
要注意先	要管理見込者					非・IIを実績率に基づく、1年間の予想損失額を一般貸倒引当
正常先	良好	全額				実績率に基づく、1年間の予想損失額を一般貸倒引当

ます。この段階では、Ⅱ分類の大小によって損失額が上下します。

貸倒引当金を積んでいるか

　金融機関は資産の分類に応じて、貸倒引当金を積むことが義務づけられています。引当に伴い自己資金が減少すれば、BIS規制により、融資姿勢が厳しくなります。融資姿勢が厳しくなれば、不動産の価格も下がり担保評価も下がります。経済のデフレ・資産デフレにより、負の循環にはまります。デフレ脱却を目指す理由はここにあります。

　相談の中で多い債務者区分が破綻懸念先の場合は、不動産の価格が運命を左右すると言っても過言ではありません。

　不良債権のうち、損失になる部分は非分類・Ⅱ分類とⅢ分類のうち貸倒引当金が積まれている部分を除いた、保全のない部分です。「不良債権の全てが回収不能な債権になるわけではない」ことを理解しておく必要があります。したがって、既にどれだけ貸倒引当金が積まれているかがポイントになります。

　ちなみに、破綻懸念先の貸倒引当金は過去の貸倒実績率などに基づき、個別債務者ごとに今後3年間の予想損失額を見積もり、その額に相当する金額を個別貸倒引当金として計上することになっています。

5 金融機関の不動産担保の査定

積算価格をベースにしている

　資産の分類の中で担保が不動産である場合が圧倒的に多いのですが、金融機関による担保不動産の査定次第で、債務者区分が変わってしまうという現実があります。あくまで金融機関の自己査定なので、評価にはある程度さじ加減ができるのはやむを得ません。資金的に余裕のある金融機関は厳しめに評価できるのに対し、資金的に余裕のない金融機関はどうしても甘めに評価しがちになるでしょう。

　不動産の評価は、今でも基本的には路線価をベースにしています。これは、税務当局の評価との整合性を優先しているからだと思います。国の時価は路線価ということになっているので、国の基準に合わせているのです。

　もちろん、取引事例価格や収益還元価格も参考価格として見るのでしょうが、最終的には説明のつきやすい路線価を採用するのです。

　収益不動産を購入する時に100%ローンを希望する場合、路線価が高いもの、土地の面積が広いもの、築年数が新しいものが有利です。ここに金融機関の担保評価に対する見方が見えてきます。金融機関の評価のベースは積算価格であるということです。

収益還元価格と積算価格の乖離に着目

　最近ではアベノミクスの効果もあり、金融機関の評価に対し、実

際の取引ではその倍の価格が付いたというケースが続出しています。これは路線価が実勢価格を反映しきれていない左証です。実際の取引では、収益還元価格を中心に価格形成されています。所有している間にどれだけの賃料収入が期待できるのか（自己使用の場合、他者に貸したらいくらで貸せるか）で価値判断されます。DCF法では売却時にどれだけの価格で売却できるのかも加味して評価します。

ところが、金融機関は路線価ベースの評価です。都心や中心部では評価が低めになっていることが多いので、思ったより低めの価格で任意売却に応じてくれることもあります。

査定書と買付証明をぶつけてみる

あきらかに債務超過で全資産を売却しても債務者の手元にお金が残らない場合は、債務者はあまり売却価格に固執しません。こういうケースでは、任意売却の購入者は金融機関の許す範囲でなるべく安く買いたいというニーズが満たされやすいのです。

金融機関に任意売却の申し入れを行い、積算価格で算出した低めの査定書と買付証明をぶつけてみるのです。債権者全員の合意が得られたら成立です。すでにサービサーに債権譲渡がされている場合においては、その債権価格を上回る価格であれば、サービサーから債権を購入することも可能です。その時点で債務者でなくなります。

金融機関はサービサーに売却したことにより無税償却ができ、購入者は通常より安く買え、サービサーは債権の購入額より高く売れ、債務者は債務免除の実現ができます。仲介業者やコンサルタントは

規定の報酬が得られます。プレイヤー全員に Win・Win・Win の関係が成立します。

ただし、すべてが上手くいくというわけではなく、それぞれの微妙な利害関係の中で成立する話なので、慎重な対応が求められます。

6　再取得もできる

別会社に移せないか

任意売却がすべての解決策ではありません。再生が目的であるのならば、最終的には資産を買い戻すなどの成果を得なければ意味はありません。

まずは、**別会社に一部資産を移せないか考えます。**金融機関が貸し手責任を感じてくれているのならば、その可能性も十分にあります（くれぐれも、金融機関の承諾無しに勝手に移すのは止めてください。反感を買うだけです）。

事業会社が所有する資産のほとんどは売却するとして、**一部の収益不動産を別会社に売却することを認めてもらうのです。**その場合、価格の妥当性がポイントになります。競売のほうが高く売れると思われてしまえば、難しくなるでしょう。競売の鑑定価格も不動産鑑定士が作成しています。不動産鑑定士に目的を伝え、きちんと鑑定評価してもらうとよいでしょう。

問題は、その資金の手当てです。別会社が何らかの形で資金を調達する必要があります。金融機関の協力が決め手になりますが、親

類縁者、取引先などの支援があると具体化しやすいことは言うまでもありません。

リースバックを条件とした任売

　別会社で取得できない場合は、第三者に任意売却することになりますが、その場合でも、セール＆リースバックをすればそのまま事業が続けられ、自宅に住まうことができます。

　売却時にそのまま売主が賃借することを条件に売却するのです。その時の賃料は時価が基本です。なるべく高く売りたいのであれば多少高めに、そうでなければ低めにしておくことが多いようです。

　賃貸マンション、店舗、事務所、倉庫、自宅の複合ビルを任意売却して、自己使用している事務所、倉庫、自宅をリースバックしたことがあります。幸い債務超過ではなかったので、自宅は他に取得することにし、見つかるまでの暫定賃借としました。事務所、倉庫はそのまま賃借で利用しますが、事業の再生状況に応じ、別に賃借もしくは取得することにしました。

買い戻せないか

　いったん第三者の投資家に任意売却で事務所ビルを売却し、リースバックして賃借します。事業再生計画を履行し、業績を回復させます。信用も回復し、売却した事務所ビルを買い戻すことができればハッピーエンドです。

　一見その投資家にリスクがあるように見えますが、心配ありませ

Chapter 4 金融

ん。市場価格より安く買うことができ、その結果利回りが確保できれば問題ありません。万が一、事業再生に失敗し、退出していくことになっても、次のテナントを見つけるだけです。

最終的には本業の業績次第ということではありますが、時間的猶予を作れるということがポイントです。

時間的猶予ということであれば、リスケも同じです。しかしながら、リスケは安易にできるということもあり、背水の陣で再生に取り組む意欲に欠けることが多いようです。いったん身を軽くして、縮んでからジャンプすると高く飛べるものです。

不良債権の対応は、ケースバイケースです。債権者の人数や対応、債権額、担保の評価、事業再生計画の進捗状況によって異なってきます。また、金融情勢などの外部環境によっても変わります。金融緩和時と引き締め時では金融機関の対応に差が出るのは当然です。金融機関の力の差により対応もまちまちです。

したがって、どこか他で聞いてきた対策案がそのままあてはまるということではありません。今は中小企業円滑化法の実質的な運用の継続やアベノミクスによる不動産や株価の上昇により、動きが取りやすい状況にあるといえるでしょう。

逆に言えば、塩漬けになっていた不良債権が表に出やすい状況であると解釈することもできます。破綻が続く時だけでなく、景気回復時もコンサルタントの活躍時といえるのではないでしょうか。

Chapter 5

税務

Chapter 1 　相続

Chapter 2 　建築

Chapter 3 　投資

Chapter 4 　金融

Chapter 5 　税務

Chapter 6 　法務

Chapter 7 　経営

Chapter 8 　鑑定

Chapter 9 　不動産

Chapter 10 　資産設計

Chapter 11 　コンサルティング

Chapter 12 　コミュニケーション

Chapter 5 税務

事業用資産の買換え特例

地方から大都市への買換えが進む

租税特別措置法である「事業用資産の買換え特例」は、租税特別措置法全般が廃止・縮小の方向に向かうなか、その存続が常に注目を浴びています。税制改正により地方から大都市への圧縮割合は縮小されましたが、まだ十分に活用価値があるので検討してみましょう。

1 メリットもありデメリットもある

不動産コンサルティングと税務の関係の中で、実務的に最も利用される制度の一つが事業用資産の買換え特例です。

この制度は一定の条件の中で、事業用資産を買い換えた場合に、譲渡税の課税の繰り延べができるという点が特典になっています。

将来的には課税されるけれども、目先の納税が大幅に軽減されるので、買換えに弾みが付きやすいという点がポイントです。

不動産コンサルタントの皆さんは、きちんとメリット・デメリットを説明して、依頼者に判断を仰ぐということはされていると思います。

　当然、事業用資産の買換え特例もメリット・デメリットがあり、メリットを重視する場合はＹＥＳですし、デメリットを重視する場合はＮＯとなります。

　ここでは制度の細かなルールについては、租税特別措置法の第37条とその通達に譲り、事業用資産の買換え特例のメリットに着目して、その効果的な活用方法をお伝えしていくことを目的とします。

2 この制度の目的

節税のための制度ではない

　制度には全て目的があります。事業用資産の買換え特例は、それぞれの時代に合致した政策に基づき、時限立法で定められる制度です。昭和末期のバブルの時代に、都心の一極集中を避けるため、郊外への転出促進のために生まれた制度です。この制度は見事に当たり、都心から郊外へ地価高騰の連鎖を招きました。

　しかし、事業用資産の買換え特例の説明会やセミナーでは、必要以上に節税が強調され、誤解を招いたまま実行された資産家の方も少なくありません。

　昭和末期のバブルの当時は譲渡税が長期でも税率39％でした。高額な相続税の支払いのために、やむを得ず土地を売却する場合、税

金分を含めて手取りで考えると、その1.6倍の土地を売る必要が出てきます。その当時は譲渡税に相続税額の取得費加算ができる金額は少なかったため、相続税と譲渡税のダブルで苦しんだのです。

そのうち譲渡税だけでもなんとかならないかと、郊外の事業用資産を全額借金して購入し、課税の繰り延べを行う方が出てきました。ところが、地価も賃料も下がり、返済が滞るようなことが多発しました。債務超過なので売るに売れません。ましてや売却すれば繰り延べた税金がかかってきます。こうなっては身動きが取れません。

安易に節税目的でやったので失敗したのです。本来であれば節税の前に、事業の採算性や安全性をもっと慎重に検討しなくてはならなかったのですが。

10種類の目的がある

現在、事業用資産の買換え特例には、10の区分があり、それぞれの目的に応じて運用されています。

---

① 転出促進のための土地を中心とする買換え
　1号　既成市街地等内から外への買換え
　2号　市街化区域内又は既成市街地等内から外への、農林業資産の買換え
　3号　飛行場の航空機騒音障害区域内から外への買換え
② 誘致促進のための土地を中心とする買換え
　4号　工業団地等の誘致区域外から内への買換え

---

③ 既成市街地等内での土地の有効利用のための買換え
　5号　都市開発区域等内にある土地等・建物の特定資産への買換え
　6号　既成市街地等及び政令で定める区域内の土地等・建物の買換え
④ 農業振興区域内の内部における土地等の買換え
　7号　農業振興地域の農用地区内にある土地等及び果樹の買換え
⑤ 権利移転等促進計画等による買換え
　8号　防災再開発促進地区内にある土地等の買換え
⑥ 長期間保有の土地建物等から特定の資産への買換え
　9号　所有期間10年を超える国内の土地等・建物の国内への買換え
⑦ 船舶から船舶への買換え
　10号　内航海運業用以外の日本船舶から日本船舶への買換え

　この中で、不動産コンサルタントがよく利用するのが、1号と9号です。1号は郊外への組替えなので、現在ではあまり使われません。現在は地方・郊外から都心への組替えが多くなってきているので、9号の長期保有資産の買換えが最も使い勝手が良く、通常、事業用資産の買換え特例といえば、そのまま9号を指していることが多いようです。

Chapter 5 税務

地方から大都市への買換えが不利に？

9号は国内、土地・建物、10年の3つの要件を満たせばよいだけです。つまり何でもありです。しかも他の区分と違い、あまり大義名分がないようにも思えます。考えられるとすれば、国内の不動産を動かして、景気対策に結び付けようという意図が透けて見えることでしょうか。

平成27年度税制大綱のうち、特定資産の買換え特例が改正されました。

当初は廃止されるのではないかと言われていたのですが、期間が平成27年1月1日～平成29年3月31日まで2年3ヶ月延長される形で残りました。

主な改正内容は圧縮割合の縮小です。今までは全ての地域で圧縮割合が80%でしたが、今回の改正で以下のように変更されました。

- 「地方」から「東京23区」への買換え──圧縮割合70%
- 「地方」から「首都圏近郊整備地帯等」への買換え──圧縮割合75%
- 上記の2つのパターン以外──圧縮割合80%

※「首都圏近郊整備地帯等」とは、東京23区を除く首都圏既成市街地、首都圏近郊整備地帯、近畿圏既成都市区域、名古屋市の一部をいう。

地方の資産を譲渡して、大都市の資産に買い換えることを規制する方向にあります。大都市への一極集中を避け、地方再生を狙っているんだと思います。

地方の地価は未だ下落しつつあり、底を打ったと思われる大都市

へ資産を組み替えることは合理的な判断であり、少しぐらい圧縮割合が少なくなったとしても、地方から大都市への資産の組替えの流れは変わらないでしょう。

当社への相談も、地方の資産家の方からの相談が増えてきています。地方の資産家の方にとっては、もはや待ったなしという状況なのでしょう。

3 適用上の注意点

9号の場合

租税特別措置法第37条1項9号には、

> 譲渡資産は
> 『国内にある土地等、建物又は構築物で、当該個人により取得がされたこれらの資産のうちその譲渡の日の属する年の1月1日において所有期間が10年を超えるもの』
> 買換資産は
> 『国内にある土地等(事務所、事業所その他の政令で定める施設(以下この号において「特定施設」という。)の敷地の用に供されるもの(当該特定施設に係る事業の遂行上必要な駐車場の用に供されるものを含む。)又は駐車場の用に供されるもの(建物又は構築物の敷地の用に供されていないことについて

Chapter 5 税務

> 「政令で定めるやむを得ない事情」があるものに限る。）で、その面積が300平方メートル以上のものに限る。）、建物、構築物又は機械及び装置』

と規定されています。

ここでいう「特定施設」とは、事務所・工場・作業場・研究所・営業所・店舗・倉庫・住宅等で福利厚生施設に該当しないものをいいます。

「政令で定めるやむを得ない事情」があるものとは、開発許可申請等で必要な駐車場の付置義務によって設置した駐車場をいいます。

最大の注意点が、土地の面積が300㎡（約90坪）以上である点です。

平成23年12月末までは、この土地の面積の下限がありませんでした。100㎡の土地でも良かったのです。また、特定施設という買換資産の制約もなく何でもありでした。

それが平成24年1月1日から、上記のように条件が厳しくなっているので注意が必要です。

税制改正の当初では、買換資産はビル用地だけではないかといわれ、90坪以上のビル用地というと、相当資産規模が大きくなければ使えないので、実質事業用資産の買換え特例は使えなくなってしまうのではと心配されていました。ところが後に「特定施設」の定義が明確となり、ほぼ何でも使えるということがわかり、胸をなでおろしました。

取得日の引き継ぎなし

買換資産の取得時期とは、譲渡資産の取得の時期ではなく、買換資産を実際に取得した時期です。

ということは買換資産を5年以内に売却した場合は短期譲渡所得となり、約20％の譲渡税が約39％になってしまい、せっかくの長期譲渡の特典がなくなってしまうので、注意が必要です。

適用要件に注意

詳しくは税理士や税務署に確認いただくか、租税特別措置法の第37条とその通達をよく読んでいただきたいのですが、主なポイントだけご紹介します。

譲渡資産と買換資産は、事業または事業に準ずるものに供されている必要がありますが、この事業に準ずるという解釈が曖昧です。「事業に準ずるもの」とは、「事業と称するに至らない不動産の貸付その他これに類する行為で、相当の対価を得て継続的に行うもの」とされています。

譲渡資産は青空駐車場や市街化区域内農地、借地などの低・未利用地や不良資産が多いですが、事業用資産かどうかの判定は、確定申告でその収入を計上し続けているかどうかがポイントとなります。毎年税務署に収入を計上していれば、その行為そのものが事業用資産だと証明しています。

買換資産の事業の用に供したかの判定で、青空駐車場はアウトでしょう。あくまでも「特定施設」とその敷地が対象だからです。

Chapter 5 税務

　買換資産の取得時期は**図表1**のとおりです。原則、同一年において譲渡と取得をすることとなっていますが、先行取得も翌年以降の取得も可能です。

　ただし、先行取得の場合は、取得した年の翌年3月15日までに「届出書」を税務署長に提出することが必要です。翌年以降の取得の場合は確定申告時に「買換資産の明細書」を税務署に提出し認定されなければなりません。これは、工場等の建設・移転その他やむを得ない事情がある場合で、税務署長の承認により譲渡の年の翌年以降3年以内で取得期限が延長できる場合があるのです。

　したがって、3年あるからジックリ考えればよいというのではなく、少なくとも確定申告時までには買換資産の場所、価格、対象等を具体的に決めておく必要があります。

図表1 ● 買換資産の取得時期

先行取得		譲渡した年の取得	翌年以降の取得	
やむを得ない場合	原則	原則中の原則	原則	やむを得ない場合
工場建設等のための宅地造成、工場等の建設移転等に要する期間が1年を超えるときは、譲渡した年の前2年以内に取得すること	譲渡事業年度開始の日前1年以内に取得すること（1年）	同一年において取得すること	譲渡した年の翌年中に取得すること（1年）	工場建設等のための宅地造成、工場等の建設移転に要する期間が1年を超えるときは、最長3年以内の税務署長が認定した日までに取得すること
前2年以内　税務署長に対する届出が必要			最長3年以内　税務署長の認定した日まで	

その他の適用要件として、

① この特例の適用を受ける目的で、一時的に事業の用に供したものではないこと
- たまたま物品置場・駐車場等として自己が使用したもの、または、これらの用に一時的に貸し付けたものではないこと

② 店舗併用住宅では事業用部分のみ。なお、自宅部分が10％未満なら全部事業用

③ 原則として、買換資産の面積は譲渡資産の面積の5倍まで

④ 買換資産を取得してから、1年以内に事業の用に供すること

⑤ 収用・交換等による譲渡および贈与・交換等による取得でないこと

があります。その他、適用にあたり細かい規定がありますので、詳しくは専門家に確認することをお勧めします。

4 実際の計算方法

計算式は

① 譲渡資産の譲渡価格 ≦ 買換資産の取得価格

この場合は、80％繰り延べされ、20％が課税の対象となります。

> a．収入金額＝譲渡価格×20％

Chapter 5 税務

> b．必要経費＝（譲渡資産の取得費および譲渡費用）
>   　×20％
> c．課税所得＝a－b

② 譲渡資産の譲渡価格 ＞ 買換資産の取得価格

この場合は、買換資産の取得価格の80％相当額が繰り延べの対象となります。

> a．収入金額＝譲渡価格－取得価格×80％
> b．必要経費＝（譲渡資産の取得費および譲渡費用）
>   　×a÷譲渡価格
> c．課税所得＝a－b

計算例で理解する

(1) 譲渡資産——所有期間30年の駐車場を4億円で売却
(2) 譲渡資産の取得費および譲渡費用——1億円
(3) 買換資産——土地100坪、建物200坪の賃貸マンションを3億円で取得

買換え特例を適用する場合

> a．収入金額＝4億円－3億円×80％＝1.6億円

b．必要経費＝1億円×1.6億円÷4億円＝0.4億円
　　c．課税所得＝1.6億円－0.4億円＝1.2億円
　税額　1.2億円×20.315％＝24,378,000円

買換え特例を適用しない場合

　　a．収入金額＝4億円
　　b．必要経費＝1億円
　　c．課税所得＝3億円
　税額　3億円×20.315％＝60,945,000円

後に増税になることも

　事業用資産の買換え特例を適用した場合、買換資産に付す取得価格は、譲渡資産および譲渡費用の合計額を基礎に計算します（**図表2**）。買換資産のうち建物についてはその後の償却資産が少なくなり、また、土地については、将来譲渡したときに譲渡益が大きくなります。

　特に建物の減価償却資産が大きく減額されると増税になります。長期譲渡所得の税率が20.315％に対して、所得税は累進課税となり最高税率で55％となるからです。ですから高額所得者にとっては、単純に土地を売って建物に組み替えるという場合は、適用しないほうがトータルで有利だといえます。

　土地は減価償却費がありませんね。減価償却のない土地が建物に

図表2 ● 事業用の買換え特例適用の買換資産の取得価格

事業用資産の買換え特例を受けた場合の買換資産の取得価格は、買換資産の実際の購入代金等ではなく、次の区分によるそれぞれの金額になります。
以後その金額を対象に減価償却費の計算を行います。

①譲渡価格 = 買換資産の取得価格	譲渡資産の取得費・譲渡費用 × 0.8 + 譲渡価格×0.2
②譲渡価格 < 買換資産の取得価格	譲渡資産の取得費・譲渡費用 × 0.8 + 買換資産の取得価格 − 譲渡価格 × 0.8
③譲渡価格 > 買換資産の取得価格	譲渡資産の取得費・譲渡費用 × (買換資産の取得価格 × 0.8 / 譲渡価格) + 買換資産の取得価格 × 0.2

買い換えられた場合は買換資産の建物にも減価償却がないんだと理解するとわかりやすいでしょう。

5 活用のメリット・デメリット

相続人には迷惑

ここまでの話は、不動産コンサルタントであれば一度は聞いたことがあるでしょう。ここからは、実務の中で総合的に判断してきて得られた教訓を中心にお話しします。

事業用資産の買換え特例は、被相続人に嬉しく、相続人に悲しい制度です。買換え特例を使った本人（被相続人）は、課税が繰り延べられ手元にお金が残るので万々歳です。一方、相続人は大変です。

繰り延べられた税金を支払うのは相続人になるからです。相続税も繰り延べた分が増えます。繰り延べずに払っておいてくれれば、その分課税財産は減っていたのです。建物の取得費が減ることにより減価償却費も減るので所得税が増えてしまいます。売却する場合には取得費が20％になるので譲渡税が膨らみます。全て相続人へしわ寄せが来るのです。

しかも、買い換えた資産は借金して取得していることが多く（売却資金は相続税の資金や借金返済に回り手元に残らないケースが多い）、借金の返済に苦しむ事例が散見されます。定期借地権やビルの保証金と理屈は同じで、返すのは相続人という構図となっています。

「親父、余計なことをしてくれた」と思っている相続人が殊の外多いのです。事業用資産の買換え特例を使う時は、くれぐれも相続人の同意を取っておいていただきたいものです。

「先憂後楽」（せんゆうこうらく）という言葉があります。「心配事や面倒なことは先に片づけ、その後でゆっくり楽しむこと」という意味です。事業用資産の買換え特例は「先楽後憂？」ということになるのでしょうか？

運用能力しだい

上記のようなデメリットがあるにもかかわらず、私は事業用資産の買換え特例をお勧めする場合が多いのです。

それは次の３つの理由からです。

① 買換えの実行により、不良資産が優良資産に組み替えられ、

Chapter 5 税務

相続人も喜ぶからです。買換えの意思決定をするのは大変で、事業用資産の買換え特例がその動機づけに貢献するのであれば、それも良しという考えです。

② 2つ目は、相続はまだ先だという方の場合です。相続までには買い換えた資産の収益力で現金が増し、将来の納税資金を残せるからです。

③ 3つ目は②と連動する話ですが、繰り延べた税金を運用することにより、将来の譲渡税分を確保することができるということです。**税務署から金利ゼロの融資を受けられたと考えてみてください。しかも返済を迫られることはありません。**

運用能力が高く仮に7.2％の複利で運用できれば、10年で倍になっています。繰り延べられた税金などわけないですね。

7.2％の運用など不可能ではと思われる方もいますが、海外のファンドではそんなに高くない利回りです。不動産投資の運用であれば馴染みの利回りです。リートでも7.2％の運用益を出しているところもあります。

このゼロ金利で調達できる資金の運用益は全て自分のものと考えたらお得ではありませんか？　このメリットは前記のデメリットを遥かに凌駕しているのではないでしょうか？

土地分は買換え、建物分は借入れで

デメリットを最小限にして、メリットを最大限にする方法として、資産の組替えは土地の売却資金を土地の購入資金にし、建物は元々

持っていた現金や新たな借入れで取得するのです。例えば、1棟の中古マンションであれば、売却した土地価格と購入する土地価格を同じくらいのものにし、建物は買換資金を使わず別に用立てするのです。

Aさんは市街化区域内農地を4億円で売却し、6億円で都内のビルを購入しました。購入資金のうち約4億円は売却資金を充て、残りの約2億円は銀行からの借入れでローンを組みました。

今までは年間40万円の農業収入だったのが、年間3,600万円の収入に生まれ変わりました。4億円の譲渡税は約8,000万円ですが、3年分の売上で支払える金額です。買換え特例で譲渡税を繰り延べ、そのお金の運用益で譲渡税はすぐに支払うことができるようになるのです。税金だけしか頭にない税理士さんには考えつかない発想です。

建物分は買換資産ではないので、減価償却費は通常どおり使えるし、建物のローンの金利も経費になります。レバレッジ分を建物分に充当すればよいのです。

6　こんなケースに使いたい

財産診断で見極める

事業用資産の買換え特例を活用するということは、すなわち資産の組替えを行うということと同義語です。不良資産を見極め、優良資産に組み替えるということは、資産のポートフォリオを見直すと

Chapter 5 税務

いうことです。優良資産とは「収益力」「換金力」「節税力」のある資産です。

資産の現状分析にたいへん便利なツールが、当社で行っている財産診断（ROA分析）です。各地の研修会でその利用方法を公開していますが、たいへん実用的なフレームワークとして好評をいただいています。

詳しくは Chapter 7【経営】財産診断をご覧ください。

単発の売り買いではなく、不良な資産を売却し優良な資産に組み替えることにより、資産のポートフォリオをブラッシュアップしていくのです。そこでは、相続を見据え、「分割」「納税」「節税」の3つの相続対策をも視野に入れ、資産の組替えを行います。

資産家の皆さんは個人資産の他、資産管理会社、事業会社の資産をお持ちの場合が多いので、全ての資産をトータルにしてポートフォリオを見直します。

個人・法人間の組替えも行います。法人税にも事業用資産の買換え特例があって、圧縮記帳という処理を行います。内容は個人と同じです。

資産の組替えではＢ／Ｓの右側の債務の取扱いも重視します。債務が多すぎるのは当然よくありませんが、債務が少なすぎても他人のお金を上手く活用していないという点からするとよくありません。

譲渡資産は

　譲渡資産としてお勧めなのは、低利用で収益性が低く、換金しにくく、相続税評価が時価より高いものです。

　代表的なものとして、借地（の底地）があります。地代は安く抑えられ収入が少なく、固定資産税の支出が大きく収益性が低いのが一般的です。収益性が低いので底地だけを買う人はほとんどいません。しいていえば買取業者ですが、土地価格の15％程度です。評価は土地価格の40％なのに時価は15％です。固定資産税も相続税も余分に払っていることになります。

　同じような資産として、別荘地や無道路地、がけ地等があります。地方や郊外の土地もそのような傾向があります。固定資産評価や相続税評価より時価のほうが低く、売ろうと思っても思った値段ではなかなか売れません。土地活用しようと思っても、収支が読めません。

　東京23区内の狭小敷地も、まともなビルやマンションが建てられないので、評価より時価が低くなることがあります。

　この場合は立体買換えを検討することができます。租税特別措置法第37条の5に規定されています。「既成市街地等内にある土地等の中高層耐火建築物等の建設のための買換え及び交換の場合の譲渡所得の課税の特例」です。木造家屋が密集した狭小敷地の地権者が一体となって、耐火のビルや共同住宅を建てる事業者と交換する場合に有効です。この買換え特例は100％の譲渡税が繰り延べされます。

Chapter 5 税務

買換資産は

　買換資産でお勧めなのは、譲渡資産の逆の特徴を持つ「収益力」「換金力」「節税力」のある資産です。

　事業用資産の買換え特例を活用する場合には、その要件を満たさねばならないので、基本は不動産を中心としたものになります。

　もし、資産全体のポートフォリオが不動産に集中していたりする場合には、金融資産に組み替えることが望ましいといえます。その場合のポートフォリオのバランスですが、一般的には現金・預金、金融商品、不動産に３分の１ずつ分散投資しなさいといわれています。

　資産家の場合はリスク許容度が高いので、不動産３分の２、現金と金融商品が３分の１でもよいのかなぁと思います。

　今の税制、評価、将来性を総合的に考えると、基本的には都心の不動産が有利であろうと思われます。地方・郊外の資産を都心や広域中心都市の中心部に移転させることによって、資産価値を維持、あるいは高めていくことが可能になるでしょう。その後押しをしてくれる制度が事業用資産の買換え特例です。

Chapter 6

法務

Chapter 1　相続

Chapter 2　建築

Chapter 3　投資

Chapter 4　金融

Chapter 5　税務

Chapter 6　法務

Chapter 7　経営

Chapter 8　鑑定

Chapter 9　不動産

Chapter 10　資産設計

Chapter 11　コンサルティング

Chapter 12　コミュニケーション

Chapter 6 法務

借地権の活用

借地権の問題解決と事業としての活用方法

不動産業者のなかには、借地というだけで、難しいから避けよう、面倒だから避けようという風潮があります。「問題があるからこそチャンスもある」という視点が大切だと思います。旧法の借地権の活用と、新法の普通借地権・定期借地権の設定を積極的に行ってみましょう。

1 問題点ではなく、活用メリットをみよう

借地権については借地借家法の第二章第3条から第25条に規定されており、法律文章としては短く、全条に目を通しても数十分で終えることができるでしょう。ところが、法律の文言は明確なのに対し、借地権を取り巻く地主と借地人の関係は複雑で、親子二代で揉めていることもあります。これらの問題を解決してあげることにより、当事者に喜ばれるとともに、不動産コンサルティングの仕事

にも結び付けることができます。

また、旧借地権の問題解決の他、定期借地権を活用した土地の有効活用のコンサルティングや借地権付きアパートへの投資コンサルティングもできます。

さらに上級編として、資産家に対し同族の資産管理会社と個人との間の借地契約を有効に活用することにより、様々な資産承継対策に応用することが可能となります（Chapter 10【資産設計】プライベートカンパニーのところで詳しく紹介します）。

借地権はとかく後ろ向きな視点で見られがちですが、このように前向きな有効活用で活かすという視点で捉えることが重要です。

私自身も平成4年8月1日に創設された定期借地権の事業化に携わることができ、多くの方々の協力をいただきながら、運よく首都圏初の定期借地権分譲（大規模分譲としては日本初）を立ち上げ成功させることができました。その後、借地権に関する相談を承ることが増え、借地権に関する興味がますます高くなっていきました。

ここでは、借地権の現場での実際の活用方法を中心に解説していきたいと思います。

2 不可解な自然発生的借地権

地主は納得できない

地主にとって悪法も法なりの代表格が「借地借家法」ではないでしょうか？　好意で土地を貸してあげたにもかかわらず、気が付い

Chapter 6 法務

てみれば借地人のその土地を利用する権利が、土地の評価の50〜80％にもなっているのです（道路や地区により借地権割合は異なる）。地主に正当事由が無ければ、法定更新により、借地人は土地を半永久的に返す必要がないので、それだけ高い価値として見ることができるのです。

この借地人の付加価値は、二度の大きな法律の改正によって生み出されたものなのです。

一度目の改正は昭和16年です。戦時立法により、地主の「正当事由」が更新の必要要件になったからです。借地人に明け渡してもらうには高額な「立退料」が必要となり、権利が強化されました。

二度目の改正は昭和41年です。借地人からの増改築・譲渡・転貸の請求に対する承諾が、地主に代わって裁判所ができるようになりました。これにより、賃借権というよりは、実質物権の性質を持つことになり、より借地権が強化されました。

借地人は借りたものは返さなくてよく、返すにはお金をよこせと言える権利が付いてしまいました。地主には納得しがたい不可解な法律です。

ここでいう自然発生的借地権とは、法律の改正により自然に生じた強固な借地権のことだと理解してください。

借地人にとり当然の権利か？

一方、借地人は地主の気持ちに無頓着です。今の権利だけを声高らかに主張します。「借地借家法」という国で定めた法律で決められた権利だからと、堂々としています。

地代さえ支払っている限り契約が解除になることはありません。更新時には更新料の請求が一般的ですが、契約書に書いていなければ、法的根拠がないと主張できます。地代が安すぎると思っている地主からすれば、更新時こそ低すぎる地代の損失を取り戻すチャンスだと考えます。

　借地人も「更新料は払いません」とむげに断れば、建替え時の承諾料や売却時の承諾料もしくは地代の増額で、地主から対抗されるのがオチでしょう。

　立地が良い所ではビルに建て替えるということもありますが、地主は複雑な気持ちです。ビルの賃料を得られるのは借地人で地主は僅かな地代しか得られません。当然地主としては、ビルを建てることを認めるかわりに、地代を上げることと、堅固な建物になるので借地条件変更の承諾料を請求します。借地人による有効活用によって、土地が活かされるということ自体は好ましいことなのですから、借地人は、その成果を独り占めにすることなく、地主と分かち合うという姿勢が重要です。

　争うよりは話し合いで解決しようということが多いのですが、日本人の特徴として「世間の相場で」というのが多いのも実情です。これは国民性なのだと思います。相場というものほど、曖昧な概念はないのですが、判例をベースに相場を判断するというのが一般的です（**図表1**）。

　例えば、借地権の譲渡承諾料は借地権価格の10％、建替えもしくは増改築の承諾料は更地価格の3％、借地条件変更（ビルに建て替える等）による承諾料は更地価格の10％などが一つの目安です。あくまでも過去の地代の水準等を含めケースバイケースなので、最終

Chapter 6 法務

図表1 ● 各種承諾料等の相場(東京)

	承諾料等	相場	幅
①	借地権の譲渡承諾料	借地権価格の10%	8%～14%
②	建替えもしくは増改築承諾料	更地価格の3%	1%～8%
③	借地条件変更承諾料	更地価格の10%	7%～15%
④	更新料	年額地代の10倍	5倍～20倍

＊上記はあくまで、相場です。実際は個別事情を勘案して決定します。

的には話し合いによるものだと理解してください。

地主の悩みは深刻

　借地人にとってみれば、借地借家法の保護の下、前述の承諾料という形でほとんどのことが解決してしまいます。

　一方、地主の悩みは深刻です。まずは高い固定資産税。「地代の半分を持っていかれてしまう」と嘆く地主が多いです。当社が行う財産診断でも、借地は地代という収入に対し、固定資産税という支出でネットの利回りを算出していますが、皆さん総崩れです。地代の値上げは簡単ではありません。

　次に相続税です。収益性が悪く、売却しようにも高く売れない底地にとんでもない相続税評価がつくのです。例えば、更地価格が1億円とします。底地価格は相続税評価としては4,000万円の場合、実際に底地を買ってくれる業者がつける価格は1,500万円です。2,500万円分余分に相続税評価が高くなっているのです。

　だったら売ってしまえということで、売却しようとして4,000万円の価格を借地人に提示しても、借地人のほとんどは高齢化してい

て、いまさら住宅ローンを組むことなどしませんし、命より大切な老後の資金を使おうとなどはしません。結局、買取業者に叩かれて安く売るという結果になってしまいます。

ここでまた、「なんで先代が好意で貸してあげたのに、こんな目にあうのだろうか？」と堂々巡りが始まるのです。

3 解決法はどうするか？

固定資産の交換の特例

まずは、固定資産の交換の特例の活用を考えてみるとよいでしょう。同種の固定資産であれば、等価の場合は譲渡税の課税が発生しません。底地と借地の交換も土地というカテゴリーの中での同種の固定資産なので、この交換の特例が使えます（固定資産の交換の特例は、土地と建物というように違う資産の交換では使えないので注意が必要）。

例えば、路線価がD地区とし、借地権割合60％、底地割合40％としましょう。評価のうえでは6対4ですが、借地人にとっては自然発生的に評価がついたものなので、地主への気持ちを配慮し、一歩譲り5対5の比率で交換をするのです。そうすれば、お互い完全所有権の土地を譲渡税無しで所有することが可能になります。

ただし、土地が狭く家が建たないような面積の場合や道路に面していない場合には、この方法は困難です。

Chapter 6 法務

当事者同士で売買

　次は、一方が他方に売却して完全所有権にするというものです。この方法は理想論です。現実にはどちらも売りたくないというのが本音です。どちらも安く買いたいというのが本音です。借地人に資力がない場合がほとんどですし、揉めている同士の間で、価格を折り合わせるのは大変なことです。

　借地人が地主に売却するということが一般的ですが、この時借地人は居住用財産の3,000万円控除や6,000万円までの低率分離課税が使えるので、譲渡税で二の足を踏むということはありません。

同時売却

　理想は同時売却です。片方だけが第三者に売却するとなると、地主は半値以下、借地人は半値近くになってしまいます。底地と借地権がセットになってはじめて価値が出るからです。建売会社などに、地主と借地人が同時に話を持ちかけ、同時に決済すれば完全所有権としての価値で取引成立です。

　時間をかけ、代が変わるまで待つという地主も多いのですが、自分の代のほうが先に変わってしまうのではないかと心配です。

　売却できるチャンスが来れば、多少の価格の高い安いにこだわることなく換金し、他の優良資産に組み替えておきましょう。そうしておけば、子や孫に喜んでもらえるのですから。

　面白い事例がありました。返してもらえないだろうと思っていたのですが、地主が「今まで払ってもらった地代を全部返すから、土

地を返してください」と申し出たところ、すんなり返してもらうことができたのです。借地権価格と比較して破格の安い価格で借地権を買い取ることができてしまったわけです。こんなウルトラCもあるものなんですね。

4 一般定期借地権の活用

平成4年に創設された定期借地権（図表2）

　借りた土地は返さなくてもよいという、おかしな法律をなんとかしなくてはと、新しい法律が成立したのが平成4年8月1日です。この日を境に新法と旧法の区別ができました。歪んだ旧法のもとでは、土地を貸す地主は皆無となりました。当たり前です。貸したら戻ってこないし、地代や更新料、承諾料でけんかばかりしなくてはならないのはたまりません。

　そこで、新法の定期借地権では3つの特約を設けることにより、上記の問題を解決することにしたのです。

　3つの特約とは、

① 　更新がない
② 　再築による期間延長がない
③ 　建物買取請求権がない

ということです。

　この3つの特約により法定更新がなくなり、再築の期間延長がな

く、契約終了時には建物を時価で買い取りなさいと言われる心配がなくなります。したがって、50年後には土地が更地で戻る（一般定期借地権の場合）ということが法律で約束されたのです。

図表2 ● 定期借地権の種類と内容

	一般定期借地権（法第22条）	建物譲渡特約付借地権（法第24条）	事業用定期借地権（法第23条）	
存続期間	50年以上	30年以上	10年以上30年未満	30年以上50年未満
利用目的	限定なし	限定なし	事業用建物（居住用は不可）	同左
契約書式	公正証書等の書面により契約	書面化は不要	必ず公正証書で契約する	同左
借地関係の終了	期間満了により終了	建物譲渡の時点で終了	期間満了により終了	同左
契約更新、終了時の建物とその利用関係等	以下の特約が可能 ①更新しない ②建物再築に伴う存続期間の延長をしない ③建物買取請求権を行使しない	①建物所有権は、譲渡により土地所有者に移転 ②借地権者が使用していれば借家関係に移行	①更新不可 ②建物再築に伴う存続期間の延長不可 ③建物買取請求は不可	以下の特約が可能 ①更新しない ②建物再築に伴う存続期間の延長をしない ③建物買取請求権を行使しない

大人気の定期借地権

　借地アレルギーの地主が、果たして本当に定期借地権をやってくれるのだろうかと疑心暗鬼でした。

　ところが、思い切って定期借地権の提案を行うと、その当時（平成5年～）、面白いほど、定期借地権事業に共感していただける地主が出てきました。

　とりわけ区画整理地の地主には評判が良く、換地で戻ってきた土地は固定資産税が激増するし、先祖伝来の土地は売れないし、売るとなると約40％の税金を持っていかれるという追い込まれた状態だったからです。借金が嫌いで賃貸マンションやアパート経営はイヤだという地主が消去法で選んだのが定期借地権でした。

　一方、借地権付き建物を買う一般ユーザーにも人気でした。その当時はまだバブルの余韻が残っており、土地代まで払いたくないユーザーには好評でした。購入者は医者や公務員、上場企業の管理職が多く、合理的判断のもとに定期借地権住宅を購入していました。とりわけ、庭付き一戸建てはほしいが、老後の生活費も必要だと考える50代・60代の比較的高齢者に人気がありました。

　定期借地権で面白かったことは、地主である父親大賛成、息子大反対というパターンが多かったことです。これは、父親にとってみれば、固定資産評価が6分の1になり、更地価格の20～30％の保証金を預かることができ、その保証金は家事消費さえしなければ、運用益は非課税となったのです。安定した地代は入ってくるし、いいことずくめです。

　しかし、保証金を返すのは息子の代ですし、父親が使ってしまっ

Chapter 6 法務

ていれば用立てる必要があるのは息子です。相続税の支払いのために売ろうと思っても簡単に売れません。このあたりの本音のやり取りを垣間見るにあたり、資産家の相続対策の本質を勉強することができました。

ちなみに保証金の運用益を含めた地主の利回りは、土地価格に対し2％でした。50年で100％です。50年で土地価格分のお金が得られ、土地が戻ってくるのです。今アパートや賃貸マンションをやって後悔している地主と比較して、判断が正しかったと言ってくれる地主が多いです。

定期借地権は、その後、都心のマンションにも利用され始めました。諸般の事情で売ることはできないが、貸すことはできる一等地でぞくぞく出てきました。一等地の土地不足の解消として、ディベロッパーは定期借地権に飛びつきました。一等地のマンションであれば、定期借地権であっても良しとするマンションユーザーはたくさんいます。マンションこそ、土地の所有にこだわる必要がないということからも相性が抜群です。

問題は借地契約の終了時です。例えば60年契約であれば、60年後に入居者が全員立ち退き、更地にして返さなくてはなりません。戸建てであれば個別対応もできますが、マンションですと一人でも難しい人がいれば、実務的に更地返還が難航するおそれもあります。一方で、マンション特有の老朽問題や建替え問題の解決になると前向きに見る考えもありました。

前払い地代方式の登場

　保証金方式は、まとまった地代が地主に入ってくるので、大変大きな動機づけになりました。一方、満了時に返さなくてはならないことや、競売時には、保証金返還請求権に質権を付けている銀行との綱引きが必要など、不良債権になった際には借地権とは切り離されて保証金返還請求権が独り歩きし、問題を引き起こすこともありました。実務的にはなんとか解決してきましたが、保証金の法的な不安定さが残っているのは事実でした。

　そこで登場したのが、平成17年7月の国税庁の回答書によって明確になった前払い地代方式です。前払い賃料が保証金の代わりとして誕生したのです。一時金として受け取ったとしても一時金の課税が無く、いったん「前受収益」として計上し、毎年賃料相当分を収入として細かく分けて計上してよいことが明確化され、定期借地権を設定した年に高額な所得税を払う必要がなくなったのです。

　一方、借地人も「前払費用」として計上し、毎年賃料相当分を損金として経費計上ができることが明確になりました。

　細かい要件があるので、適用においては注意が必要ですが、保証金方式より優れていると思われますので、ぜひ「前払い賃料」の活用を検討してみてください。ただし、前払いで貰う分だけ毎年の地代は少なくなるので、その点はよく理解したうえでご利用ください。

5 事業用定期借地権の活用

堅調な伸びをしている

　一般定期借地権は地価が下がり、所有権のマイホームが買えるところまで来ると下火になりました。地価が下がり保証金や地代を相当安くしなければ借り手が見つからなくなってきたからです。一方、事業用定期借地権は堅調な伸びを示しています。

　平成20年1月1日施行の借地借家法の一部改正では、事業用定期借地権の存続期間が変更され、10年以上50年未満の期間になりました。従来は存続期間が10〜20年だったのですが、存続期間が30〜50年の新しい事業用定期借地権が設定できるようになりました。ＲＣ造等の耐用年数の長いものであっても利用できるようにとの要望に応えたものでした。これにより、ますます事業用定期借地権のニーズが増えています。

ロードサイドで活用

　地方や郊外は車社会です。駅前よりむしろ主要生活道路での出店にニーズがあります。今やナショナルブランドのチェーン店はどの街に行っても見られます。これらのチェーン店は土地を買うことは経営上非効率だと考え、土地を借りるか、地主にお店を建ててもらい、建物と駐車場を借りるというどちらかの選択をします。

　地主は建物を建てて貸す場合のメリット・デメリットと、土地だけを貸す場合のメリット・デメリットを比較して、どちらにするか

判断します。

　一般的には地主が建物を建てテナントに貸したほうが総合的な利回りは良くなります。また、相続税の評価も多く落とすことができます。一方、自ら資金調達をしなくてはならないので、利息付きの借金を背負うリスクがあります。万が一、解約があった場合には次のテナントが見つかるかどうかわかりません。なにせテナントの要望に合わせて作った建物です。他のテナントがそのまま借りてくれることはほとんどありません。

　その途中解約のリスクを軽減するために、建築資金はテナントから借りて、賃料と相殺しながら返していく「建設協力金方式」という方法を取り入れるテナントも出てきました。万が一、解約の時はその建設協力金の残債務分をペナルティーとしてテナントに課すのです。そうすれば、返済のリスクはなくなります。

　ところが、ここにも落とし穴がありました。このペナルティーが地主にとっては一時所得となり、高額な税金（最高所得税率55％）がかかってしまうのです。建築資金に使ってしまっているので手元にお金がありません。地主にとっては大ピンチです。

事業用定期借地権に軍配

　これらのデメリットを考えると、土地を貸すだけのほうが気は楽です。多少利回りが下がってもいいやと思うのは当然です。万が一テナントの事業が上手くいかなくて地代が払えなくなったら、解約になるだけです。解体費程度の敷金を預かっておけば更地返還が実現できます。

Chapter 6 法務

　隣の地主と一緒にやれば大通りと面するようになり、借り手が見つかるような場合にも有効です。土地の利用価値が一気に拡大します。

　問題があるとすれば、テナントに建築資金を調達する能力がない場合です。そもそもそんなテナントに土地を貸すこと自体が問題なのかもしれません。

　契約書はそれぞれのテナントが工夫して作っています。とりわけ、解約時の取り決めに力を入れているようです。出店してダメなら即撤退だと、合理的に考えているのでしょう。

　それぞれの土地に最有効使用できる借り手がいるはずです。ベストマッチなテナントを見つけることが最大のリスク対策です。ただし、商売は難しいもので、競合店が近くにできて途端に売上が落ち、撤退やむなしというケースが出てきます。そういう意味でも、事業用定期借地権を行うにあたっては貸主も事業のリスクを負っているんだという認識が必要です。

6　普通借地権の分譲事業への活用

アパート分譲が面白い

　昨今、個人の不動産投資に人気がありますが、品不足と共に利回りの低下が指摘されています。また、入居者の選択も厳しく、立地が良くなければ、借り手を探すのが難しくなってきました。

　このような背景もあり、立地の良い借地権付きのアパートを購入

する投資家が増えています。

　建売業者がアパート分譲を行うために、地主がいったん土地賃貸借契約を結びます。ローンを借りやすくするためにも、新たに新法の普通借地権を設定し、30年間の借地期間を確保します。あらかじめ、転売目的であることを伝え、建築期間および販売期間を想定し（1〜2年）、その間においては第三者に対して名義書換料の負担なく借地権の転売ができる旨を確約しておきます。借地権付きアパートの購入者が決まった段階で、新所有者と地主で普通借地権設定契約を締結します。アパートの契約は建売業者と所有者で別途借地権付建物売買契約を締結します。

　土地の取得費が借地権価格なので、投資家の利回りは所有権より高くなります。最大の利点は都心の一等地を取得できて、入居率が高いことです。

銀行ローンと地主の承諾がネック

　借地権の最大のネックは担保力です。したがって、銀行の融資が消極的である点です。最近こそ借地でも融資を行う金融機関が増えていますが、競売等での煩わしさから敬遠されがちです。

　土地に抵当権を要求されることはほとんどありませんが、建物に抵当権を設定されます。その時、地主の金融機関への承諾が必要になります。そのポイントとしては、

① 　建物の抵当権設定の承諾
② 　担保権の実行その他任意売却した場合には、その購入者に対

Chapter 6 法務

　して引き続き土地を賃貸すること
③　賃料不払いがあった場合はすぐ金融機関に通知すること

　この３点が要求されるので、金融機関が求める承諾書を予め地主に説明して理解を得ておくことが必要です。

借地権譲渡承諾書のポイント

　地主は借地権譲渡承諾書を発行することになりますが、その承諾書のポイントは以下のとおりです。

①　譲受人を明確にする
②　承諾の対価を明確にする。その対価の中に、再建築、増改築、期間変更、条件変更などの各承諾の対価が含まれているか明確にしておく必要がある
③　契約条件の再確認──建物の種類（堅固・非堅固）、登記の有無、地代、契約期間、借地の種類、更新料の有無等
④　再建築の概要（図面添付）
⑤　購入者から求められる金融機関の承諾書に対し印鑑証明付きで交付する旨を約束しておく

Chapter 7

経営

Chapter 1 相続
Chapter 2 建築
Chapter 3 投資
Chapter 4 金融
Chapter 5 税務
Chapter 6 法務
Chapter 7 経営
Chapter 8 鑑定
Chapter 9 不動産
Chapter 10 資産設計
Chapter 11 **コンサルティング**
Chapter 12 **コミュニケーション**

Chapter 7　経営

財産診断

取り組むべき課題を明確にする

資産経営も立派な経営です。資本を提供し、リスクを取るということは誰にでもできることではありません。「不労所得」というような、見当違いな話は無視してください。フレームワークをフル活用して、資産経営コンサルティングを実施してみましょう。成果を出せば、必ず感謝されます。

1　資産経営という発想が必要

　資産家向けの不動産コンサルティングにおいては、不動産経営のアドバイスが不可欠です。ここでは、日常の物件管理（プロパティー・マネジメント）ではなく、構成する資産全体の管理（アセット・マネジメント）を主に論じていきます。
　資産家の多くは、たまたま出会った方の提案を受け入れ、成り行きで賃貸住宅を建てたり、投資や相続対策をされたりしているよう

に見受けられます。

しかもそれは経営的判断で行動しているのではなく、見よう見まねの感覚的判断で行っているのです。

かつてのような経済が右肩上がりの時代は、それでも良かったのかもしれません。しかし、人口減少時代に突入し、競争の激しくなった現在では「成り行き経営」では先行きが心配です。

大切な財産を手放すことになったり、相続で揉めるようなことになったりすることもしばしばです。

このようなことにならないようにするためにも、経営的思考を身に付け、PLAN・DO・SEEの経営サイクルを回しながら、大切な資産の運営を行っていく必要があります。

ここでは、福田財産コンサルが普段コンサルティングの中で行っている「不動産経営戦略」の立案プロセスと、その中でも肝となる「財産診断」を中心に、不動産経営のコンサルティングの方法をご紹介していきます。

2 「不動産経営戦略」のフレームワーク

目的と目標の明確化が必要

資産10億円の資産家は、資本金10億円の会社経営者と同じく、持っている資産を最大限に活かすことができる立場にあります。

会社の経営者であれば、株主や従業員、取引先のことを考え、会社の経営資源を最大限に活かすよう努力します。そのために、経営

Chapter 7　経営

戦略を練り上げ、事業計画に落とし込み、実行計画を綿密に策定し、社内の組織に周知徹底して、目標の達成のために日々努力をしています。

資産経営者も同様に、所有する資産の棚卸を行い、問題点を洗い出し、課題を明確にし、実行計画を策定し、きちんと実行するという姿勢が大切ではないでしょうか。

とりわけ、資産を守りたい資産家が多いのですが、この厳しい環境の中では、問題の先送りは状況を悪化させるだけであり、計画的に対策を打ち続けなければジリ貧になってしまうことになります。

経営というと、何か難しく特殊な能力のある人にしか無理だと思っていらっしゃる方も多いでしょう。ところが、思考のフレームワークを活用することにより、誰でもが経営戦略の策定が可能です（図表１）。

個性や価値観の差が出るのは、目的と目標です。企業でいえば企業理念に相当するものです。経営哲学と呼んでも構いません。資産家の方もまずは、「何のために、何を行いたい」のかを明確にさせなければなりません。

例えば、「先祖伝来の資産を次世代に承継するために、相続税が払えるだけの現金を確保する」などです。あるいは「事業で得たお金を、安定した不動産の運用によって維持しておく」、あるいは「社会貢献するために、不動産経営の利益の一部を寄付する」など、資産家の思いや、こだわり等が反映されていることが重要です。

この目的と目標がブレなければ、次につながる重点課題の策定や、的はずれのない対策、実行段階での実行力につながってきます。逆に目的や目標のない計画は、途中でとん挫し問題の先送りになりが

図表1 ● 福田財産コンサル流　不動産経営戦略のフレームワーク

目的（何のために何を行いたいか）

↓

目標（数値や期限）

↓

現状把握（財産診断等）

↓

課題策定（目的を達成するために取り組むべき重要事項）

↓

PLAN	具体策1	具体策2	具体策3	具体策4	具体策5
情報（ノウハウ）					
人（専門家・関係者への依頼）					
金（予算と見積もり）					
スケジュール					

↓↓↓↓↓

DO	実行（100%の力でやり続ける）

↓↓↓↓↓

SEE	確認

ちです。

具体策の効果的作成方法

　具体策が良ければ、期待される効果も高まります。良い具体策は現状把握がきちんとされており、取り組むべき課題を明確にしておく必要があります（現状把握と課題策定の手法は **3**（「統合的問題解決技法」の活用）と **4**（「財産診断」で課題を明確にする）で紹介します）。

　具体策とはアクションプランのことを言います。別の言い方をす

Chapter 7 経営

れば、人・モノ・カネ・情報の経営資源をどのように活用していくかということです。さらに分解すると、「何をどのようにするか」「誰に頼むか」「いくらの予算をかけるか」「スケジュールを固める」、この4項目を決める作業です。

どれも成否にかかわる重要な要件ですが、とりわけ予算とスケジュールを具体化することにより、より具体的になり、物事が進んでいきます。

くれぐれも政治家の得意なスローガンレベルの話で留めないでください。

100％の力を出し、やり続ける

経営では「PLAN・DO・SEE」の経営サイクルを回しなさいと言われます。「DO・DO・DO」ではダメで、きちんとした計画を立て、確実に実行し、その結果を検証し、実績を積み上げていきます。

とりわけ、私が重要だと思っているのは、100％の力を出し切るということです。20％や30％の力ではなく、全力を出し切るということです。もっと良い方法はないのか、もっと効果的な方法はないのか、もっと喜ばれる方法はないだろうかと考え抜いて、相手の期待以上の働きをするということです。これは何も、時間をかけてやりましょうというのではなく、きちんとした計画を立て、集中力を持ってやりましょうということです。

3 「統合的問題解決技法」の活用

他人の事例はそのまま使えない

　経営者の一つの役割として、問題解決ということがあります。困っていることや上手くいっていないことを解決するという意味もありますが、未来に向けてやりたいことを明確にし、現状とその将来やりたいことのギャップを問題とする未来思考の問題解決が大切です。いわゆる課題解決型の問題です。

　経営が難しいのは、答えのわからない未来のモノに対して答えを出していくところにあります。学校で秀才であった生徒が必ずしも名経営者になれるわけではないのは、このことによります。

　不動産経営者の方がよくおっしゃるのは、人の話を聞けば聞くほどわからなくなるというものです。それは当然です。問題解決や経営というのは、ケースバイケースで、それぞれの持っている経営資源が違うのですから、当然対策も百人百様で、ある人にとってはプラスでも、ある人にとってはマイナスとなるからです。

　よく成功事例の話を聞いてマネしてみようとしますが、そのままマネしても失敗するだけです。皆さん条件や目的が違うからです。人の話を聞くことは大切なのですが、目的と手段をセットで理解しておく必要があります。

　情報は切り離して、分解して自分の分にあてはめてみるということが必要です。そのためには、面倒ですが、手順を踏んで行うことが大切です。

Chapter 7 経営

発散思考と収束思考

　その手順を表したのが**図表2**の「福田財産コンサルオリジナル統合的問題解決技法」です。問題があったら、いきなり対策を打つのではなく、「現状把握」「問題形成（課題策定）」「対策立案」という手順を踏みます。**それぞれのステップで発散思考と収束思考を繰り返します。**発散思考とは、もれなく考えられるだけのことを考えてみるということです。わかりやすくいうと、例えば「困っていることを10コ挙げてください」「問題点を50コ出してください」「アイディアを100コ出してください」といった具合です。

　しかしながら、発散思考だけですと対象が拡散していき、収拾がつかなくなってしまいます。そこで収束思考が必要になってきます。わかりやすくいうと、例えば「マストとウォンツを分けてみてください」「緊急度と重要度で重点化してください」「効果性や実行可能性で判断してみてください」などの言い方で表します。

　例えばアイディアなどは、最初の頃に思いついたモノはほとんど使い物になりません。既に陳腐化しているものがほとんどです。アイディアを100出せと言われ、80くらいまでは出るものですが、残りの20がなかなか出てきません。実はこの残りの20の中に斬新なアイディアがあり、問題解決の突破口になったりするのです。

　発散思考と収束思考を繰り返して得た課題や対策案には的外れが少なく、手戻りが無いため、逆に効率的です。

　これらのプロセスを面倒くさいと思わずに行うのが、真剣に考えるということです。多くの情報を集め、整理し、本質を抽出する作業です。

図表2 ● 福田財産コンサルオリジナル 統合的問題解決技法

	フェーズ① 現状把握		フェーズ② 問題形成		フェーズ③ 対策立案	
思考スタイル	発散思考	収束思考	発散思考	収束思考	発散思考	収束思考
思考のプロセス	悩み → 見える化 → 問題 WHY		問題 → 選択と集中 → 課題 WHAT		課題 → KFSが入っているか → 実行 HOW	
着眼点	マストorウォンツ 真のニーズ		緊急度 重要度		効果性○ 効率性×	
主なフレームワーク (問題解決技法)	・各種診断 ・MECE、ロジックツリー ・グラフ、表、マトリクス		・なぜなぜ5回 ・SWOT分析 ・パレート分析		・ブレーンストーミング ・ガントチャート（人、スケジュール、予算） ・フローチャート	

Chapter 7　経営

　これらの作業を効率良く行うツールが、フレームワークといわれる経営コンサルタントが使っている思考のツールです。当社の「財産診断」もフレームワークの一つで、誰でもが使うことができる不動産経営者向けの思考のツールなのです。

課題が見つかれば80％解決

　この統合的問題解決技法の肝は、課題策定の段階です。取り組むべき重要課題が見つかった段階で、問題の80％が解決したようなものだと言われます。現状把握、問題形成のプロセスを通じて、悩みを課題に変えていくプロセスです。悩んでばかりでは何も前に進みません。成功の鍵というのは、この取り組むべき課題に全力で取り組むと意思決定した時に生まれてくるものです。

4　「財産診断」で課題を明確にする

Ｐ／Ｌ、Ｂ／Ｓ、ＣＦが一目瞭然

　では、具体的に「財産診断」の中身と方法について説明してみます（**図表3**）。
　この表の特徴は、Ｐ／Ｌ（貸借対照表）・Ｂ／Ｓ（損益計算書）・ＣＦ（キャッシュフロー計算書）という財務の３大要素が、資産毎に一目でわかり、比較検討しやすいということにあります。サマリー（要約書）になっている点です。もっと詳しくすることもできます

図表3 ● 財産診断

対策前

[単位:千円]

①	②	③	④	⑤	⑥	⑦	⑧	⑨	⑩	⑪	⑫	⑬	⑭	⑮	⑯	⑰	⑱	⑲	⑳
					時価(相続税評価額)						支出								
資産番号	所在地	利用状況	土地面積(㎡)	建物面積(㎡)	土地	建物	合計⑥+⑦	借入金敷金等	純資産⑧-⑨	収入	土地固都税	建物固都税	管理費	合計⑫+⑬+⑭	収支⑪-⑮	借入金返済額	キャッシュフロー⑯-⑰	ROA⑯÷⑧	借入金比率⑨÷⑧
1	○○1111	駐車場	1,000		30,000		30,000	200	29,800	2,000	150		200	350	1,650		1,650	5.5%	0.7%
2	○○2222	貸倉庫	1,000		40,000		40,000	500	39,500	3,000	400	100	300	800	2,200		2,200	5.5%	1.3%
3	○○3333	アパートA	1,000	700	60,000	20,000	80,000	150,000	-70,000	11,000	200	300	1,100	1,600	9,400	7,000	2,400	11.8%	187.5%
4	○○4444	アパートB	1,000	700	60,000	20,000	80,000	150,000	-70,000	11,000	200	300	1,100	1,600	9,400	7,000	2,400	11.8%	187.5%
5	○○5555	アパートC	500	350	30,000	10,000	40,000	300	39,700	4,500	100	150	450	700	3,800		3,800	9.5%	0.8%
6	○○6666	自宅	2,000	300	80,000	15,000	95,000		95,000		100	250	0	350	-350		-350	-0.4%	0.0%
7	○○7777	畑	3,000		180,000		180,000		180,000		1,500		0	1,500	-1,500		-1,500	-0.8%	0.0%
8	○○8888	畑	3,000		280,000		280,000		280,000		2,500		0	2,500	-2,500		-2,500	-0.9%	0.0%
	合計		12,500	2,050	760,000	65,000	825,000	301,000	524,000	31,500	5,150	1,100	3,150	9,400	22,100	14,000	8,100	2.7%	36.5%

対策後 シミュレーション

[単位:千円]

①	②	③	④	⑤	⑥	⑦	⑧	⑨	⑩	⑪	⑫	⑬	⑭	⑮	⑯	⑰	⑱	⑲	⑳
					時価(相続税評価額)						支出								
資産番号	所在地	利用状況	土地面積(㎡)	建物面積(㎡)	土地	建物	合計⑥+⑦	借入金敷金等	純資産⑧-⑨	収入	土地固都税	建物固都税	管理費	合計⑫+⑬+⑭	収支⑪-⑮	借入金返済額	キャッシュフロー⑯-⑰	ROA⑯÷⑧	借入金比率⑨÷⑧
1	○○1111	駐車場	1,000		30,000		30,000	200	29,800	2,000	150		200	350	1,650		1,650	5.5%	0.7%
2	○○2222	貸倉庫	1,000		40,000		40,000	500	39,500	3,000	400	100	300	800	2,200		2,200	5.5%	1.3%
3	○○3333	アパートA	1,000	700	60,000	20,000	80,000	150,000	-70,000	11,000	200	300	1,100	1,600	9,400	7,000	2,400	11.8%	187.5%
4	○○4444	アパートB	1,000	700	60,000	20,000	80,000	150,000	-70,000	11,000	200	300	1,100	1,600	9,400	7,000	2,400	11.8%	187.5%
5	○○5555	アパートC	500	350	30,000	10,000	40,000	300	39,700	4,500	100	150	450	700	3,800		3,800	9.5%	0.8%
6	○○6666	自宅	2,000	300	80,000	15,000	95,000		95,000		100	250	0	350	-350		-350	-0.4%	0.0%
7	○○7777	畑	3,000		180,000		180,000		180,000		1,500		0	1,500	-1,500		-1,500	-0.8%	0.0%
8	東京都○○	賃貸マンション	103	676	60,600	60,700	121,300	100,000	21,300	33,200	200	600	3,100	3,900	29,300	5,000	24,300	24.2%	82.4%
	合計		9,603	2,726	540,600	125,700	666,300	401,000	265,300	64,700	2,850	1,700	6,470	11,020	53,680	19,000	34,900	8.1%	60.2%

経営

が、あえてポイント中のポイントだけにして、不良資産・優良資産を浮き彫りにしているのです。

　図表3の①〜⑤までが物件の特定、⑥〜⑩までがB／S、⑪〜⑯までがP／L、⑰〜⑲までがCFです。何度か改善していくうちに、このような表ができ上がってきました。誰でもわかるということが最大のポイントです。カッコウをつけてワザと難しくしたり、複雑にしたりする必要はないし、私はそれは逆効果だと思っています。

　この表を作成するために必要な書類は、確定申告書（付属明細書付き）、決算書（法人）、固定資産名寄せ帳、ローン返済表、住宅地図です。これらの書類をお客様から預かり、公図と謄本を取り、物件を特定して表を埋めていきます。

　慣れれば、数時間でできます。大変なのは、資料を集めるということです。物件毎にそれぞれの書類に物件番号を付けて整理しておくとわかりやすいです。

不良資産、優良資産が浮き彫りに

　この中で私はROA（総資産利益率）の数値を最も重要視しています。つまり、その資産の価値に対して、どれだけの収益力を持っているのかを見るのです。具体的にはその土地と建物の時価に対し、ネットの利益がどれだけ出ているかというものです。

　もう一つの指標としてよく使われるのがROE（自己資本利益率）ですが、これはレバレッジを使う（借金をする）と見せかけの数値が良くなるので、私はあまり重要視していません。

　一方ROAを高めるというのは、大変なことです。資産の分母を

増やせば数値は下がってしまいます。分子のネット利益を増やしたとしても、効率の悪い資産を増やしてしまった場合には、ROAが下がります。ROAの低い資産を売却して、借金を返し資産を縮小することがROAを高めることもあるのです。

ある更地があったとしましょう。建築会社や金融機関の多くは容積率目いっぱいに建物を建てましょうとアドバイスします。そのほうが売上が増えて儲かりますよと言います。でも経営は売上ではありません。ネットの利益と利益率です。

ＲＣ８階建てより、鉄骨３階建てのほうがROAが高くなることはよくあります。

さらには定期借地権を設定して、建築費をゼロにすることにより、ROAが最も高くなることもあります。

シミュレーションして検証する

「とにかく建てましょう、借金をしましょう」と言う業者や金融機関に疑問を持つ資産家は多いのですが、このROAをシミュレーションして提案してあげると、合点がいったなどとの感想を受けることが多いです。

図表３の場合では、資産番号８の畑を売却して、東京都内の賃貸マンションに組み替えた場合のシミュレーションです。収支、キャッシュフロー、ROAが改善されていることがわかります。

シミュレーションの良さは、お金がかからないということです。納得のいくまでシミュレーションを行えばよいのです。

相続対策の時には、土地建物の時価を相続税評価額と鑑定価格(時

価に近い）の2つで作成します。この差の乖離が大きいと相続税の評価を下げる効果が高いということになります。相続税評価額と鑑定価格の乖離率を一つの指標として、優良資産か不良資産かを見分けるという方法にも活用できます。

ちなみに、私が資産家の方に目標設定するROAは7%以上です。一般的には資産家の多くは2～3%止まりになっていることが多いです。

5　今、何をするのかで将来が決まる

未来を見て、過去を見て、現在を見る

目的や目標ないしは課題を策定する時には、未来を見て、過去を見て、現在を見てください。この順番が大切です（**図表4**）。

賃貸経営の特徴として、最初が一番良い状態で徐々に悪くなっていくというのがあります。新築時には賃料にプレミアムが付くこともあります。築年数が10年を超えると、人気も下がり家賃が下落するうえ、設備の交換時期や大規模修繕が始まります。減価償却額や金利も減り、所得税（法人税）が増えて手取りが減ります。

デフレの脱却も期待されていますが、需給関係は引き続き供給が増え人口が減るので悪くなる一方です。

このような環境変化は簡単に予測がつくもので、何もしなければジリ貧となっていくのは目に見えています。

そこで、経営的判断で、先手を打って今、何をすべきか判断し、

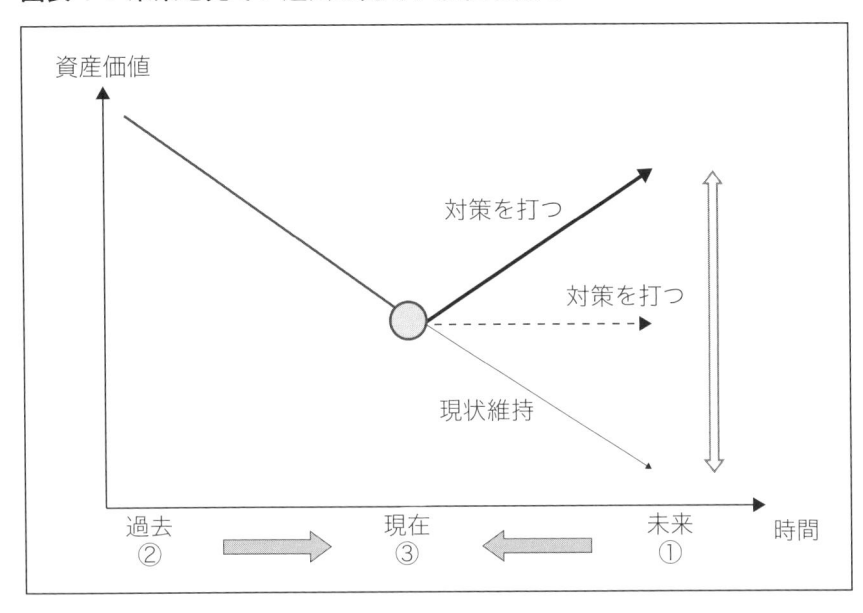

図表4 ● 未来を見て、過去を見て、現在を見る

実行するのです。先送りすればさらに悪化します。

将来の結果は現在の対策の結果

　実は重要な法則があります。それは、当たり前なのですが「原因」があるから「結果」があるというものです。結果が出るのは、過去に必要な手立てをしたからです。結果は後からついてくるもので、今どうするかが大切なのです。

　お金儲けは全てこれなのです。お客様に価値を与え続けていれば、黙っていても自然にお金がついてくるのです。このような考え方の経営哲学を持った成功者は世の中にたくさんいます。

Chapter 7　経営

　一時「今でしょう」というCMが流行りましたが、まさにこのことを言っているのです。「原因」があるから「結果」がある。
　経営戦略を練り、経営計画を立てても、実行し続けなければ結果はついてきません。

リスクを取れるのが経営者

　かたや立派な経営戦略と経営計画を立てても、お題目で終わり実行に移せない、もしくはリスクを取れないという経営者もいると思います。
　やはり、リスクは取りに行かなければリターンはありません。「リスクを見極め果敢にチャレンジする」、この姿勢がなければ、いくら情報を集め、勉強ばかりしていても何も始まりません。
　私の経験によると、勉強好きな人は実行力に欠ける傾向があるなぁと感じます。
　勉強も大切ですが、それ以上に大切なのは、情報収集とリスク許容度の見極めです。
　私は個人資産家に、プライベートカンパニーを設立することをお勧めしています。所得分散効果や税制的メリットは当然ありますが、それ以上に大きい効果が、副次効果として、経営者マインドの向上に繋がるということです。
　毎年決算書を作り、それを見て反省し、次年度の経営計画を立てるという循環が生まれてきます。代表取締役という肩書きは重く、経営者としての自覚が強化されます。たとえ若くとも後継者に資産管理会社の代表をやらせるというのは、大切なことだと思います。

6 「財産診断」の他社事例

各人それぞれ工夫

　実は「財産診断」と同じようなことは、以前から広く行われていました。平成の初期に「財産ドック」という言葉がはやりました。財産ドックの肝は、この財産診断を毎年行って現状把握をして、課題を見つけるということだったのです。

　一説によると、元祖はダン・コンサルティング株式会社の塩見哲先生だといわれています。

　フレームワークは、各人それぞれ自分の使いやすいように工夫しているようです。今ではエクセルによって自動計算ができるので、簡単に作成できるようになりました。私も希望があればエクセルのデータを受講者の皆さんに無償でお送りしています。

ＩＴ化による自動出力システム

　インプットをすれば、分析結果を自動的にグラフや提案書に落とし込むシステムを開発している会社も出てきました。これですと、あまりよく理解できていない初心者でも、それなりの形でアウトプットが出てくるので、多くの方に使えるようになってきたのだと思います。

　報告書の文章や図表を作るのが苦手だという人にはピッタリだと思います。

　今のところ私が知っているのはクレステートリサーチ株式会社の

Chapter 7 経営

システムで、「資産コンディション分析」というITシステムです。参考までに入力画面とアウトプットの見本（**図表5**）をご紹介しておきます。

活用をする人材の力で差が

　システムは、あくまで機械が行うデータ分析です。大切なのは、そこに意味を与える人間の仕事です。依頼者の資産的背景を数値だけで捉えるのではなく、依頼者の価値観にも合致させなければ、全く絵に描いた餅になってしまいます。

　また、そこから本質的な課題を読み解くのは人間にしかできない作業です。数値の入力なら、誰でもできます。現に当社でも「財産診断」の入力作業は秘書にお願いしております。課題策定、対策立案、提案書作成、プレゼン、ここの部分が私の役割です。

　とはいっても、この部分のコンサルティングができるようになるには時間がかかります。それぞれの皆さんが日々努力していただく部分でもあります。しかしながら、形から入って経験を積んで行くという方法も、広くコンサルティングを普及させていくには良い考え方だと思います。

図表5 ● 資産コンディション分析システム

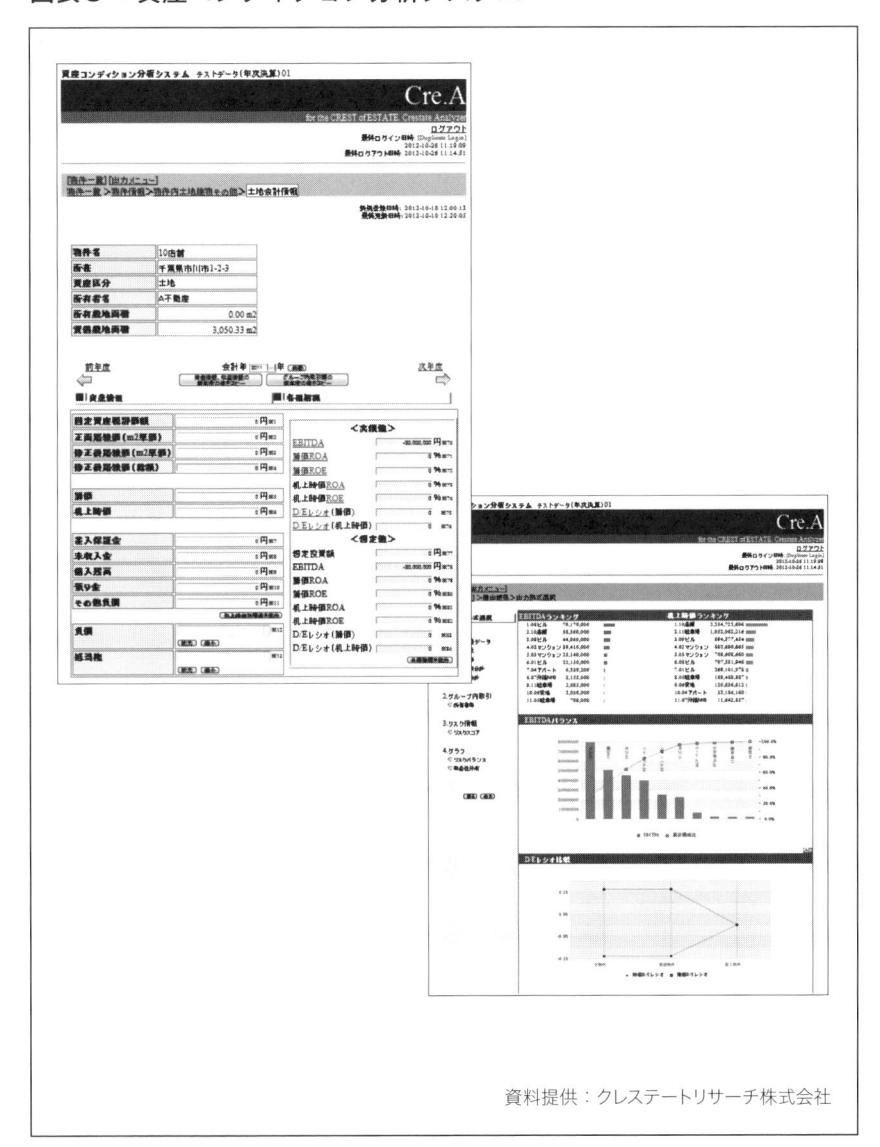

資料提供：クレステートリサーチ株式会社

Chapter 8

鑑定

Chapter 1 相続

Chapter 2 建築

Chapter 3 投資

Chapter 4 金融

Chapter 5 税務

Chapter 6 法務

Chapter 7 経営

Chapter 8 鑑定

Chapter 9 不動産

Chapter 10 資産設計

Chapter 11 コンサルティング

Chapter 12 コミュニケーション

Chapter 8 鑑定

最有効使用と価格の歪み

ホントは教えたくない不動産アービトラージの発想

不動産コンサルタントから最も反響の高かったのが、「不動産アービトラージ」でした。価格の歪みに着眼することによって、安全かつ効率よく経営と投資ができるのです。経験と勘の世界から根拠の明確な論理の世界へと誘います。説得力がぐんと高まりますよ。

1 不動産を科学にする

　不動産業界に関わって感じたことなのですが、他業界から見ると「不動産は科学ではなく芸術のようなものである」と思われているようです。

　曖昧模糊としていて、論理的に正解を導くことが困難で、目利きと直観がモノを言う職人の世界のように思われているのです。

　確かにそのような側面もあるのですが、なるべく客観的な評価を論理的に行うために、不動産鑑定士による鑑定評価という方法があ

ります。

　不動産鑑定の方法論については、それぞれの専門書にお任せし、ここでは、鑑定評価（査定）を不動産投資・有効活用・相続対策の戦略的ツールとして活用していくための視点で紹介してみます。

　私がこの試みを紹介し始めたのが2010年からで「不動産アービトラージ」と命名し、セミナーや勉強会で披露し始めました。

　アービトラージとは主に金融業界で使われている投資手法の一つで、「裁定取引」とか「さやとり」と訳されています。ノーリスクで失敗のない投資手法とされ、ヘッジファンドの有力な投資手法の一つです。実際にはノーリスクということはあり得ないでしょうが、理論的にはノーリスクで失敗しない投資手法として認識されています。

　このアービトラージの発想を不動産業界の中で応用し、時価と評価（査定）の価格不一致に着目し、不動産投資・有効活用・相続対策に活用していくのです。この発想ができれば、たとえ新人であってもベテランを超える判断ができるものだと確信しています。

2　ホントは教えたくなかった

コンサルティングに説得力をもたらす

　本当に公開してよいのか悩みました。当初は収益還元法の直接還元法やDCF法などの鑑定評価手法を紹介しようと思っていました。教科書的な話はその気になればどこでも得られるので、希少性はありません。

Chapter 8 鑑定

　そこで、私のコンサルティング手法の中核をなす発想で、企業秘密に相当する「不動産アービトラージの発想」を紹介することにしました。ホントは教えたくないというのが正直な気持ちです。

　今まで一部のクライアントやセミナーの参加者には、さわりをお話ししたことはありますが、詳細に不動産アービトラージの発想を文章にして公開するのは初めてです。

　私のコンサルティングはわかりやすく説得力があると言われることがあります(自分ではあまり自覚していません)。あえてその理由を挙げるならば「不動産アービトラージの発想」を活用しているからではないかと思います。

　失敗したくない依頼者、その対策が有益である根拠を論理的に説明してもらいたい依頼者にとって「不動産アービトラージの発想」で解説された話が腹に落ちるのではないかと思います。

アービトラージとは

　アービトラージは金融業界とりわけ投資銀行のディーラーに支持されている投資手法ですが、定義や説明は様々で、以下に示すように説明されています。

- 「市場間あるいは現物・先物の価格差を利用して利益をあげる経済行為。その結果として両市場の価格差はやがて収斂する」
- 「価格不一致を特定し、それを利用する戦略を開発して行う取引」
- 「歪んだ価格のついた資産を発見し、そこから利益を得る方

法」
- 「ある市場で資産を買い、他の市場でその資産を売って、道理に合わない価格差から利益を得ること」
- 「同じ財が異なる価格で取引されていることを利用して、無リスクで利益を得る手法」
- 「資産のポートフォリオの価格の歪みを利用して、利益を得るための新しい無リスクのポジションやポートフォリオを構築すること」
- 「投資の基本は一物一価の法則である。ところが、資産の価格に歪みが生まれることがある。この歪みを捉えて利益にする投資行為」
- 「真の裁定は無リスクである。しかしリスクが少ない下記のような取引も含む。

    リスク裁定：買収になった企業の株を買い、買収を行う会社の株を売る

    税裁定：所得の課税を他の分類へ移す

    規制裁定：規制の緩やかなほうへ移る傾向

    ペア・トレード：類似した株の価格差が異常に広がった時、安すぎるほうを買い、高すぎるほうを売る

    株価指数裁定：先物の価格が理論値から大きく乖離したとき、一方を買い、一方を売る

    多通貨裁定：例えばドル・円、フラン・円、ドル・フランの組み合わせで、一方を買い、一方を売る

    単純裁定：ニューヨークと香港の金相場の違い。安いほうを買い、高いほうを売る」

Chapter 8 鑑定

不動産アービトラージとは

　金融業界で有益とされる投資手法の考え方を不動産取引に置き替えて応用する発想が、「不動産アービトラージ」です。

　図表にまとめている項目が、私が過去の取引で発見した代表的な不動産の「裁定」です。

　プロの不動産会社の方は「そんなことは知っているよ」と言われることもあるかもしれませんが、原理原則から理解することによって、より深く様々な不動産取引の場面で適切な判断ができるようになるでしょう。

　上記の定義の中で、「**価格不一致を特定し、それを利用する戦略を開発して行う取引**」として捉えてみると、不動産取引での応用がしやすいと思います。

　次に①不動産業界特有の事情によるアービトラージ、②不動産制度によるアービトラージ、③不動産活用によるアービトラージに分類して整理してみました。

3　不動産業界特有の事情によるアービトラージ

情報格差によるもの

　まずは、プロとアマの情報の非対称性によるものです。一般的に、プロの届けたい情報と、アマの知りたい情報は異なっています。その情報の量と質は圧倒的にプロのほうが上回っています。したがっ

図表 ● 不動産アービトラージ

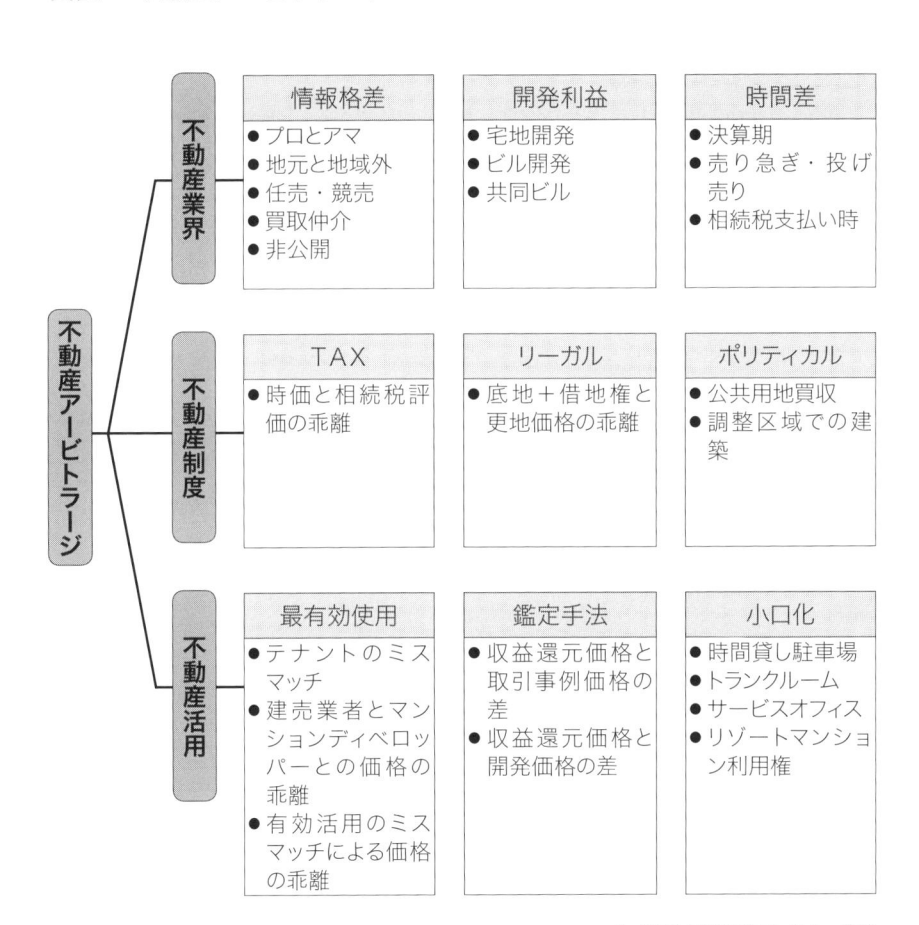

不動産アービトラージ				
不動産業界	情報格差	開発利益	時間差	
	● プロとアマ ● 地元と地域外 ● 任売・競売 ● 買取仲介 ● 非公開	● 宅地開発 ● ビル開発 ● 共同ビル	● 決算期 ● 売り急ぎ・投げ売り ● 相続税支払い時	
不動産制度	TAX	リーガル	ポリティカル	
	● 時価と相続税評価の乖離	● 底地＋借地権と更地価格の乖離	● 公共用地買収 ● 調整区域での建築	
不動産活用	最有効使用	鑑定手法	小口化	
	● テナントのミスマッチ ● 建売業者とマンションディベロッパーとの価格の乖離 ● 有効活用のミスマッチによる価格の乖離	● 収益還元価格と取引事例価格の差 ● 収益還元価格と開発価格の差	● 時間貸し駐車場 ● トランクルーム ● サービスオフィス ● リゾートマンション利用権	

株式会社福田財産コンサル　作成

Chapter 8 鑑定

て、アマはプロにいいようにされてしまうことがあります。

プロに不都合な情報は隠し、アマに都合の良い話だけを情報提供するという行為も、ある種の作為的なアービトラージといえます。不動産コンサルタントとしては、決して利用してはいけないアービトラージです。

地元と地域外の方の情報格差はあり得ます。地元の相場感から見ればこの物件は少し高いなぁと思っていても、地域外の人から見れば安く感じ、相場以上の価格で買ってしまう、ということはあり得るでしょう。海外で、日本人観光客が相場以上の価格でお土産を買っている様子と似ていますね。

任意売却や買取仲介はプロの独壇場です。アマには情報が届きにくく、競争原理が働きづらく、相場との乖離が大きい取引をすることが可能です。

情報を非公開にすることが有益だと考える不動産業界の体質は、この作為的なプロとアマの情報の非対称性を利用したものであると考えてみると整理がつきます。

開発利益によるもの

「開発」という行為も、広義で捉えれば一種のアービトラージです。開発前と開発後の価格差に着目するものです。広大な素地を宅地開発することにより、有効な土地面積は少なくなるものの、資産価値の総額が増えることにより開発利益を得ることができます。

既成市街地では再開発によって立体的な開発を行うことにより価値創造を行い、開発前と開発後の価格差で開発利益を得ます。

狭小敷地に建つペンシルビルオーナーが複数集まり、大型の共同ビルに建て替え、価値を高めそれぞれのビルオーナーが付加価値を分かち合うことができます。大型ビルに生まれ変わることにより、坪1.5万円の賃料が坪3.0万円に跳ね上がることがあります。たとえ容積の増加がなくとも、賃料の総額が2倍になるのです。

　単体の建物においては、リノベーション、リフォーム、リモデリングなどの用途変更も開発の一種で、価値創造により開発利益を得ることができます。

　開発利益によるアービトラージは金融業界のテクニカルなアービトラージと比較して、価値創造という点で社会的貢献度が高いのではないでしょうか。

　これらの開発利益は健全なもので、アービトラージの優等生ともいえ、不動産コンサルタントの活躍の場でもあります。

時間差によるもの

　余裕時間の「有り」「無し」による価格差というのも、一種の不動産アービトラージです。「有り」の場合は事前に販売戦略を綿密に練り、最も高い価格であろうと思われる価格で売却をすることも可能ですが、時間が無い場合は売り急ぎにより、相場よりかなり安い価格で取引されることがあります。

　売り急ぎで多いケースは、競売前の任意売却、法人の決算期直前の売却、相続税の納税資金のための売却などです。確実性が求められる取引などで現金客が好まれます。スーパーのタイムセールや閉店セールのような、時間差により価格に歪みが生まれる現象です。

Chapter 8 鑑定

4 不動産制度によるアービトラージ

税金に関するもの

　不動産のTAXアービトラージは重要です。相続対策の決め手はこのTAXアービトラージです。時価と相続税評価額の乖離に着目したものです。

　私は早くに相続税対策は時価と評価の乖離を利用するものであると説いてきました（今ではスタンダードな考え方になってきました）。従来は、貸家建付地や借家権など制度上の評価減を利用することが節税対策の主流でした。

　現場で実務に携わっている不動産コンサルタントは、制度上の節税効果より、時価と相続税評価の乖離のほうが節税の貢献度が高いことを知っていたのです。

　とりわけ都心の収益不動産は、路線価が時価より相当低いうえに、建物の固定資産評価は時価より半値以下ということもあり、制度上の評価減も加えると、相続税評価は時価の3分の1〜4分の1にも圧縮されます。

　現金で持っていれば3億円は3億円の評価なのですが、都心の収益不動産に組み替えれば、価値は3億円のままで相続税評価は1億円以下になることもあるのです。これは後に説明する収益還元価格と積算価格の乖離に着目した不動産アービトラージにも繋がる話です。

　個人と同族会社での不動産売買においては、高額譲渡や低額譲渡が問題になることがあります。適正価格がなんぞやということで、

当局と見解の相違となることがありますが、時価と評価に乖離があるから起きる事象なのです。

このことを利用して、個人と法人の間での資産移転では、結果的に譲渡税を低く抑えることも可能になります。

コンテナを活用した土地有効活用は、プロの資産家に人気があります。利回りの高さもありますが、減価償却のスピードを利用した節税対策が人気の理由です。償却後に個人から法人へ（法人から個人へ）1円の簿価で売買することによって、所得と資産の移転が可能になります。これらの手法もTAXを介在させた不動産アービトラージです。

法律に関するもの

借地についてもアービトラージの考えを適用することができます。Chapter 6【法務】では借地をテーマにしました。借地借家法の改正の都度、借地人の権利が強くなり、借地人の土地の利用権のほうが土地所有者の底地の評価より高くなってしまったことをお伝えしました。これは、法律の改正により評価が変わり価値の移転が行われたと考えられるので、リーガルアービトラージと呼ぶことにします。

底地の価格＋借地権の価格＝更地価格ではありません。底地の価格＋借地権の価格＜更地価格です。普通住宅地の場合で底地はせいぜい更地価格の15％、借地は更地価格の40％程度です。合計しても更地価格の半分くらいになってしまいます。

このように価格に歪みが生まれたのは、借地借家法の改正による

Chapter 8 鑑定

ものなのです。わかりにくい借地の取り扱いも、不動産アービトラージという視点で眺めると合点がいくのではないでしょうか。

政策に関するもの

　次に、ポリティカルアービトラージです。公共用地の買収の価格は高めに出ます。単なる素地や農地が完成宅地並みの価格で取引されることもあります。たまたま所有していた山や農地に高速道路が通ったため、一夜にして大金持ちになるということがあります。

　公共の用に供する土地のために、様々な配慮がされ、税金の優遇が受けられるうえに、誰もが納得できる価格の提示があります。市場価格とはかけ離れた価格です。公共のために提供したという大義名分がそれを許します。

　ここでの価格の歪みも、一種の不動産アービトラージではないでしょうか？

　通常、調整区域には家を建てることができません。ところが、分家申請などによって、農家の家族は特別に調整区域に家を建てることができます。また、病院や高齢者向け施設なども、一定の条件のもと調整区域に建物を建てることができます。特定の業界団体の政治的影響力の賜物でしょうか。

　ほとんど価格の付かない調整区域の土地が、政策により建物が建てられる宅地となり、資産価値を増大させます。

5 不動産活用によるアービトラージ

最有効使用によるもの

　ここからが Chapter 8 の核心部分です。

　不動産の価格は、最有効使用をしているという前提で評価されます。ところが実際の不動産の活用は、最有効使用として利用されていることはむしろ稀なくらいです。

　ある投資用不動産を事務所として月 15 万円で貸していました。退出するので、今度は店舗ありで募集をすると、月 25 万円で貸せました。収益還元法で計算するのならば、これで資産価値が 1.6 倍になるのです。利用形態のミスマッチによる価格差に着目したアービトラージが働いている例です。

　投資で考えるのならば、「今はオフィスで貸しているが、将来退出したら店舗として貸せる。この価格はその価格差を反映していないので買いだ」と判断することができるのです。

　ある郊外の資産家の方が将来の相続税納税資金を確保するために、土地を売却することになりました。とりあえず 400 坪の駐車場を売却しようということで、建売業者やマンションディベロッパーにあたりました。建売業者の買取価格は坪約 50 万円で、マンションディベロッパーの場合は坪約 100 万円の提示がありました。ただし、マンションディベロッパーは土地面積が最低 500 坪以上でなければ事業規模に乗らないということで、400 坪だけの駐車場の売却

に難色を示しました。そこで、隣地100坪の市街化区域内農地もくっ付けて合計500坪で売却することになりました。

100坪の違いが倍の価格の違いになるのです。400坪以下であれば最有効使用は戸建分譲で、その場合は道路などの減歩により土地価格が下がってしまいます。一方、500坪以上にすればマンション事業の適地となり、土地の価値が増大するのです。

この例は、最有効使用の判定が、大きく土地価格に影響するということを物語っています。したがって、最有効使用は何かを外すということは資産価値を落とすということです。ところが、このことに気が付いていない方がほとんどで、知らない間に自らの資産価値を落としているのです。

例えば、渋谷の繁華街の狭小地では、容積率いっぱいにペンシルビルの企画を立てるのが一般的だと思います。容積率目いっぱいの8階建てのRC造と3階建ての鉄骨造の利益額とNOI利回りを比較したら、3階建て鉄骨造のほうが利益額も利回りも高かったのです。ペンシルビルは共用部分の面積が多く、有効床面積が小さくなったのにコストが高いため、採算性が悪化したのです。一方3階建てのほうは、1階から3階までの坪賃料が高く有効面積も大きく建築コストも少ないために、採算性が高くなったのです。

利回りの高いほうが価値は高いわけですから、3階建てを建てたほうが土地の価値が高くなるということなのです。

最有効使用の差が利回りの差となり、それが価格差となるのです。ここに最有効使用の違いによる価格の歪みを見ることができます。

鑑定手法によるもの

　ある上場会社の戦略が、アービトラージを意識したものでした。金融投資家はその戦略にアービトラージが働いているということを理解し出資しました。

　それは、賃貸中の分譲マンションを収益還元法で査定し安く購入し、入居中は賃料収入を得、退出したところでマイホームとして購入したい方へ取引事例比較法で算定し高く売るのです。

　この戦略が見事に当たり、今では金融機関からの低利の資金調達が可能になり、事業を拡大しています。

　当然にして追随する業者も増え、仕入れ競争が激しくなり、収益還元価格と取引事例価格との差が縮まっています。これはアービトラージの宿命で、やがて歪みのある価格差は収斂するという特徴を見事に証明しています。

　しかしながら、アービトラージ戦略を最初に取ったこの会社は、この分野でシェアを確保しており、安定した利益を上げることができています。

　ある一棟投資用賃貸マンションがありました。収益還元法で約6億円です。ところが、ディベロッパーに聞くと約9億円で購入してくれるというのです。マンションディベロッパーはそこでマンション分譲の事業計画を立て、逆算して土地価格を算定するので、価格に差異が出たのです。収益還元法と開発法もしくは積算価格という鑑定評価の違いであるといえます。したがって、**不動産鑑定評価（査定）を様々な方式で行うという習慣を付けておけば、価格の歪みに**

Chapter 8 鑑定

気が付き有利な取引につなげることができます。

このケースの場合、明渡し費用と解体費というリスクとコストを勘案しなければなりませんが、リスク許容度の高い投資家であれば十分に採算の合う投資となります。

小口化によるもの

小口化によって価値を高める手法があります。「時間貸し駐車場」「トランクルーム」「サービスオフィス」「シェアハウス」「リゾートマンションのタイムシェア」などたくさんあります。

時間や面積を小刻みに利用することにより、単価を上げているのです。月貸し駐車場を時間貸し駐車場にしたら、月額収入が増えるというケースなどが身近な例です。利回りが上がり資産価値が上がるのです。小口化によって価格差が生じることも、一種のアービトラージが働いていると考えてよいでしょう。

ただし、小口化によってオペレーションが発生してきます。このオペレーションが効率的にできなければ、コスト倒れになってしまい、逆に利回りを下げることもあります。小口化事業はある程度の規模と組織力が必要になります。

6　アービトラージの応用

歪んだ価格差はやがて収斂する

　アービトラージの特徴として、やがて価格差は収斂するということがあります。

　かつては南北問題や東西問題と言われるように、国別に格差がありました。現代では国別の格差というよりは、それぞれの国内での格差が広がっています。先進国の中産階級は二極分化し、そのほとんどが下層に移行しています。

　一方、グローバル化とIT化により、一部の超優良国際企業が躍進しつつも、国内を中心とした一般企業および労働者は新興国の経済成長により、商品の価格差と給与の価格差が徐々に縮まりつつあります。このことも一種のアービトラージが働いている状態です。したがって、成熟した先進国と発展する新興国の間にも「やがて価格差は収斂していく」の法則があてはまり、一人当たりGDPの差や給料は収斂していくものと思われます。

　このようにマクロの経済を長期的に占う時にも、このアービトラージの発想は有効です。

アービトラージャーになろう

　価格の歪んだ資産が持つ魅力的な条件や特性を見つけようとする人を、「アービトラージャー」と呼んでいます。

　不動産業界にも目利きの鋭さで、上手な投資ができている人もい

Chapter 8 鑑定

ますが、無意識のうちに、この不動産アービトラージの発想を取り入れているのだと思います。

　目利きは職人的な経験で磨かれるのではなく、アービトラージの発想を持っている人ができるのです。したがって経験は関係なく、かえって異業種から参入した人のほうが思い込みは少なく、不動産アービトラージが働く場面を見つけることができるのだと思います。

　私の著書『相続資産の上手な増やし方』や『混迷の不動産市場を乗り切る優良資産への組み換え術』などでは数々の事例を掲載しましたが、ほとんどの事例で不動産アービトラージが働いている事象を対策案に絡めています。そのような観点でご一読していただくことをお勧めします。アービトラージャーになれる近道かもしれません。

　この機会に、ぜひ不動産アービトラージャーを目指してみてください。不動産や投資の本質が見えてくるはずです。

Chapter 9

不動産

Chapter 1 相続

Chapter 2 建築

Chapter 3 投資

Chapter 4 金融

Chapter 5 税務

Chapter 6 法務

Chapter 7 経営

Chapter 8 鑑定

Chapter 9 不動産

Chapter 10 資産設計

Chapter 11 コンサルティング

Chapter 12 コミュニケーション

Chapter 9 不動産

売却＆購入戦略

戦略立案で変わる不動産価格

不動産の売却＆購入はモノの取引であるかのようにみえますが、実は人と人の取引なのです。不動産の物理的な価値は一定ですが、価値づけをするのは人です。人により価値づけが異なり、価格が異なります。人の心の動きも含めた売却＆購入戦略が欠かせません。

1 100％依頼者の立場に立った売却＆購入戦略

　不動産価格は戦略の有り無しで大きく異なってきます。物件にもよりますが、戦略の良し悪しで20〜30％のブレが出てくることもあります。

　私のコンサルティングのなかで「財産戦略コンサルティング」を行う機会が多いのですが、これは財産診断をして不良資産を見極め、優良資産に組み替えるというものです。このことにより、相続にも適したポートフォリオを築いていきます。具体的には「収益力」「換

金力」「節税力」のある不動産を予め構築しておき、相続の分割・納税・節税対策を総合的に行うというものです。

この時の実務的な最大のポイントは、いかに不良資産を高く売って、優良資産を安く買うかということに尽きます。

売却については個々の不動産の特徴をつかんで、誰に、どのタイミングで、どのように告知し、どんな方法でいくらで売るかを熟考して決めます。

購入については優良資産を見極め、誰から、どのタイミングで、どのルートからの情報で、どんな条件で購入するかを熟考して決めます。

売却する立場と購入する立場は全く逆なので、どちらかの立場に立たなければ戦略は立てられません。

ここでは、本来あるべき100%依頼者の立場に立った売却＆購入戦略について述べていきます。組織や自己を優先するのではなく、あくまでも依頼者の立場で不動産コンサルティングを行うという視点が必要です。

2 本来の仲介の姿

利益相反に矛盾を感じませんか？

本来の仲介の姿は、売主には売主の代理人（仲介人）がついて、売主のために最も高く売却するための売却戦略を考えて、あくまでも売主のために業務を行います。その結果、売主からのみ仲介手数

Chapter 9 不動産

料が得られます。

一方、買主の代理人（仲介人）は、買主のほうを向いて、買主のために最も有利に購入するための購入戦略の助言を行います。成約になったら、買主からのみ仲介手数料を得ます（**図表1**）。

この場合、売主・買主は直接話し合うことなく、代理人（仲介人）を通して交渉し、落としどころに持っていきます。これが仲介の仕事です。ここでは売主と仲介人、または買主と仲介人の間に利益相反になることはありません。

それでは、現実の仲介の姿はどうかというと、売主の仲介人は自分で買主を探して、何とか仲介手数料を双方から得て6％になるよう努力します。

自分のお客様の中で買主が見つけられなければ、同じ部署の人のお客様から探し、それでも見つけられなければ会社全体、グループ全体に情報を開示して買主を探します。

それでも見つからなかった場合に限って、よく交流のある不動産業者に共同仲介をお願いして、本来の仲介の姿で仲介します。

双方代理の問題点

売主の仲介人が、自分で買主を見つけた場合、売主と買主双方の代理をしていますが、いったいどちらの味方となるのでしょうか？仲介人の心理としては、売主からは成約すれば仲介手数料がもらえることが確定しているので、買主の要望を聞くことが成約への近道だと考えます。成約という目標達成のためには、買主の味方となって、売主に値下げ交渉を行う方向に向かいます。

図表1 ● 仲介の姿

※消費税等を省略しています。

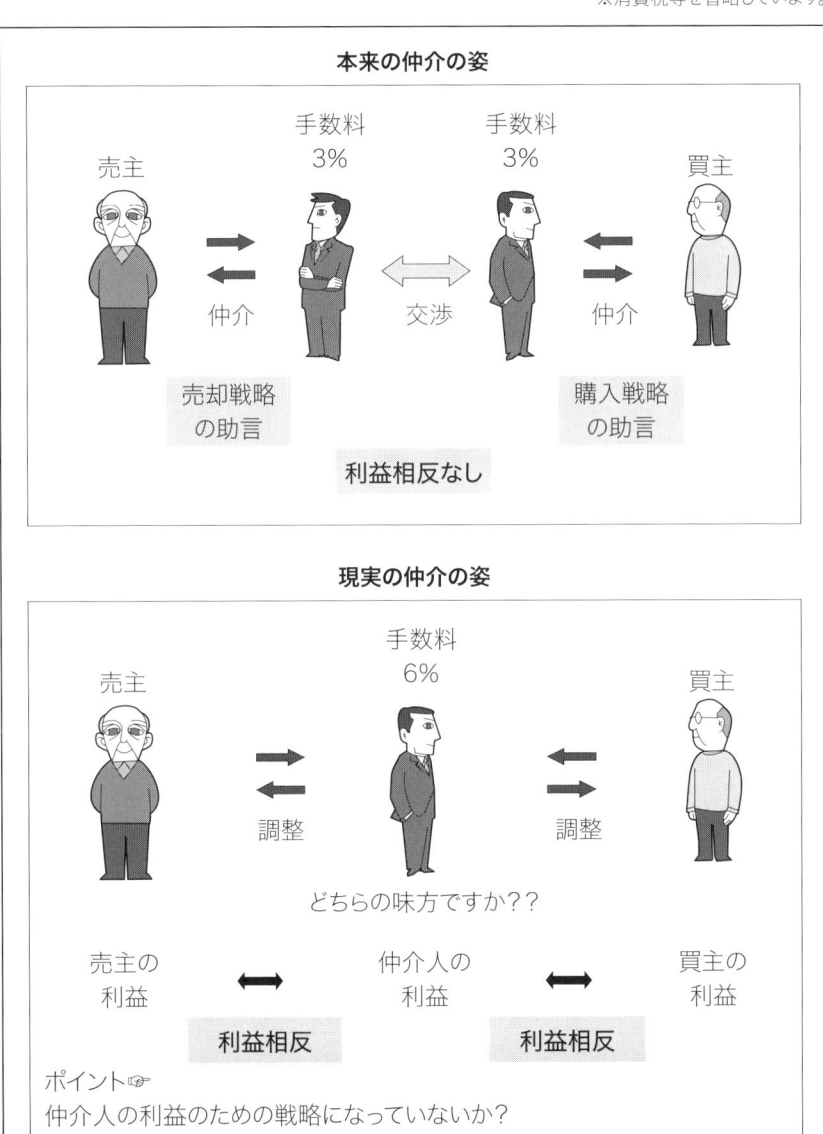

本来の仲介の姿

売主 ⇄ 手数料3% ⇔ 手数料3% ⇄ 買主
　　　仲介　　　交渉　　　仲介

売却戦略の助言　　　購入戦略の助言

利益相反なし

現実の仲介の姿

売主 ⇄ 手数料6% ⇄ 買主
　　　調整　　　調整

どちらの味方ですか？？

売主の利益 ⇔ 仲介人の利益 ⇔ 買主の利益
　　利益相反　　　　　利益相反

ポイント☞
仲介人の利益のための戦略になっていないか？

Chapter 9 不動産

　本来であれば、最初に売主から依頼を受けているので、売主のほうを見なくてはいけないのに、両手仲介という自己目的のために、買主のほうを向いて、売主に値引きの説得をしているのならば、明らかに仲介人の利益相反になります。もちろん、その逆も考えられます。

　現在、多くの場合、仲介人の利益のための戦略立案になっていると言われるのはこのためです。

　どちらかと言うと、地元密着の中小不動産業者より、全国区の大手業者のほうが両手志向は強いという傾向があります。欧米人から見れば、このような矛盾する法体系が放置されていること自体信じられないようで、日本の不動産業界の不透明性が指摘される所以です。

双方代理の利点

　双方代理にもメリットがある場合もあります。それは仲介人が売主・買主双方の生の声を直接聞けるので、事実確認や調整がスムーズにできる点です。着地点の想定も一人でできます。売主・買主の状況を客観的に判断して調整を行い、それぞれにとって満足いく着地点に落とし込むことが可能になります。

　特に共同仲介の場合、仲介人同士に力量の違いがあると、決まる話も決まらないことがあります。片方の仲介人がうまく本音・ニーズを聞き出せない場合、情報提供や説得ができず、進むべき話がボツになったり、時間がかかったりします。裁判のように真正面から戦うのではないのですから、中に入る仲介人に実力があれば双方を

Win・Win にすることができます。

とりわけ難しい物件、例えば借地・底地や収益不動産、開発を要する不動産などの売買には専門知識が必要です。これらの調整が難しい案件の場合には、実力のある仲介人が売主・買主双方の代理人（仲介人）として事を運んだほうが、スムーズにまとまるということもあります。

仲介人のための戦略ではない

自己の仲介手数料を多くするために動くと、依頼者である売主・買主の利益を侵害することになりかねません。しかし、利益を侵害しなければ、仲介人が一人であるということは上記のメリットがあります。

そもそも公益財団法人不動産流通推進センターの不動産コンサルティング業務の定義は、「依頼者との契約に基づき、不動産に関する専門的な知識・技能を活用し、公正かつ客観的な立場から、不動産の利用、取得、処分、管理、事業経営及び投資等について、不動産の物件・市場等の調査・分析等をもとに、依頼者が最善の選択や意思決定を行えるように企画、調整し、提案する業務」となっています。依頼者の立場に立てる素晴らしい仕事だと思います。

この中にもうたっている「公正かつ客観的立場から」という精神をもって仲介業務を行い、本物の公認 不動産コンサルティングマスターを目指してほしいと思っています。

このようなスタンスが一貫していれば、依頼者から信頼され、成果につながったり、評判を生んでさらに紹介の輪が広がったりして、

Chapter 9 不動産

結果的に後からより多くの報酬がついてきます。依頼者本位のスタンスで仕事をすることが、最終的には仕事面・収入面で成功して良い結果を招くでしょう。

3 売却戦略　5つの検討事項

最有効使用者の想定

依頼された売却物件を最も高く売却するためには戦略が必須です（図表2）。第一ステップは、その不動産を最も有効に使ってくれる人、その不動産に最も価値を見出してくれる人を想定することです。

図表2 ● FUKUZAI売却戦略5つの検討事項の組み合わせ

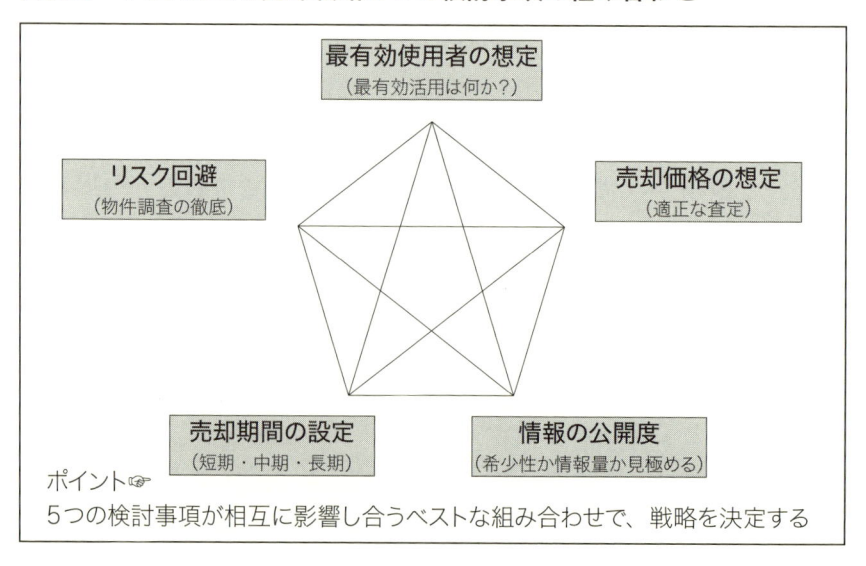

- 最有効使用者の想定（最有効活用は何か？）
- リスク回避（物件調査の徹底）
- 売却価格の想定（適正な査定）
- 売却期間の設定（短期・中期・長期）
- 情報の公開度（希少性か情報量か見極める）

ポイント☞
5つの検討事項が相互に影響し合うベストな組み合わせで、戦略を決定する

最有効使用者を想定し、ターゲットとする購入者のイメージを明確にします。

　実は、最有効使用を判定することは不動産鑑定士でも難しく、個々の事情を勘案して特定するには相当の経験と目利き力が求められます。単に、近隣の土地利用方法を参考に決めるというだけでは不十分です。近隣の活用方法が皆間違っていることだってあり得ます。

　建築・投資・運営等の様々な知識と経験を総合的に動員しないと特定することは不可能です。しかも、結果が出るのは利用が確定した後です。経営と同じく未来予測という点で、答えは無い世界なのです。

　ただ、経験、勘だけではヌケ・モレや思い込みがあるので、**図表3**のように当社で作成したMECE（ロジカルシンキングの一手法「重複なく・漏れなく」という意味）を利用するのも一つの手です。不動産対象や区分により、最有効使用者が変わってきます。その最有効使用者の中でも、得意分野や得意な地域があるので、そのあたりまで想像力を巡らす必要があります。

　なお、現状の用途を変更して、最有効使用の状態に変えて売却するという応用もあります。

Chapter 9 不動産

図表3 ● 最有効使用者の想定と情報の公開度

不動産の対象	区分	最有効使用者	情報の公開度
開発が必要な土地	郊外の住宅地 小さめの区画	パワービルダー	中 入札
	高級住宅地 大きめの区画	ハウスメーカー	中 入札
	容積が大きい 利便性の高い住宅地	マンションディベロッパー	中 入札
収益不動産	5億円以下	個人の投資家	大 オープン
	5億〜20億円	法人の投資家	中 入札
	20億円以上	ファンド	小 相対 中 入札
実需の不動産	マイホーム、リゾート （マンション、戸建て）	個人	大 オープン
	オフィスビル、商業ビル 工場、倉庫、旅館等	事業者	個別対応
瑕疵物件	―	不動産業者	小 相対 中 入札

売却不動産

※上記は代表的な組み合わせであり、対象不動産について個別に考えていく必要があります。

売却価格の想定

ターゲットが描けると、次は価格の想定ができます。Chapter 8【鑑定】の鑑定評価のところでも述べたように、取引事例価格、収益還元価格、積算価格を利用します。それぞれ3つの価格を出して、最有効使用者に合わせて割合配分を決めます。

どの価格の決め方が最有効使用者に適合しているかを考えながら、それぞれの価格の按分比率を決定し最終価格を想定すると、実際の価格とのズレが少なくなります。

収益還元価格には直接還元法とDCF法があるので、どちらが適切かを、個人、ファンドなど、想定される最有効使用者によって採用する手法を変えます。最有効使用者の想定が重要なのは、この価格設定に直接影響するからです。

情報の公開度

情報の公開度は、販売戦略の要素の中でも最も重要な検討事項です。ただ市場に漫然と情報を流せばよいというものではありません。

オープンにしたほうがよいのか、それともクローズにしたほうがよいのか、その案件毎に判断します。

一般的には、個人が買主で、ある程度相場感があるものは情報をオープンにして、幅広く情報を求めたほうが価格は高くなる傾向にあります。

逆に超高額物件や特殊な専門家が買主の場合は、情報をクローズにして、公開度を低めにするほうが価格は高くなる傾向にあります。

Chapter 9 不動産

　どの程度公開するか判定がつかない場合は、最初は狭く、徐々に広く、と順番に公開度を上げていく方法もあります。逆はできないのでこの順番です。

　当社に相談にお越しになる依頼者によると、どこの不動産業者に聞いても、なるべく情報を公開しないほうがよいと説明を受けるそうです。私はそうは思いません。ケースバイケースです。

　確かに情報を広く公開し、良からぬブローカーの手にわたり、情報が捻じ曲げられ、いろんな価格であちらこちらに情報が出回ってしまうと、本気で検討している買主も引いてしまうので、用心が必要でしょう。ところが情報の公開度が低いと、本来もっと高く買っていただける方にまで情報が届いていないこともあるので、基本的には広く情報を公開して、競争原理を働きやすくしたほうが高く売れます。

　現に不動産のプロである買取転売業者は、買う時は相対で安く買い、売る時は情報を広くオープンにして高く売ろうという戦略です。

　多くの仲介業者は、手数料が２倍になる両手取引を志向しており、情報の公開度が高くなればなるほど、両手でなくなることをよく理解しているからです。このことは、**2**で記した利益相反にあたるのではないかと思います。ずばり売主の利益より仲介業者の利益を優先しているということです。

売却期間の設定

　対象者（最有効使用者）が明確な場合は入札が機能します。その場合は、検討する時間だけ取って、短い期間の設定が有効です。需

要が少ないものを扱う場合は、時間をかけてお客様が出てくるのを待つ長期戦で対応します。個人や相場がある程度明確なものは、一般媒介にして複数業者に依頼し、3ヶ月の期間で検討します。競争をエンドユーザーのお客様でなく、業者にしてもらうのです。同じ説明を複数の業者に説明するため手間と時間がかかりますが、高く売れる可能性が高まります。

よく専任媒介が良いか、一般媒介が良いか質問を受けるのですが、相場が明確で、情報の公開度が高いほうが高く売れそうな場合は一般媒介にし、情報の公開度のコントロールが必要とされる場合には専任媒介にしましょうと答えています。

例えば、購入相手がファンドなどのプロや買取業者、また特殊物件の場合には、情報の公開度の調整が必要なので、専任媒介が良いでしょう。つまり、きめ細かい情報の公開度や期間の設定を考えるなど、高度な戦略が求められるものは専任媒介とします。

売却のタイミングが一番重要

売却戦略が重要であることはおわかりになったと思いますが、もっと大切なことがあります。それは売却のタイミングです。

多くの場合、不動産を売却する時期は、自分で選んだ時期ではなく、やむを得ず売却することが多いようです。決算期、任意売却、相続発生時、借金返済時などです。

しかし、売却で一番大切なのは時期を見定めることです。いわゆるマクロの経済・社会情勢を見極めるということが大切になってきます。ところが、株や為替と同じく将来のことを予測するのは非常

Chapter 9 不動産

に困難です。

　不動産は他の金融商品と比較して、比較的将来予想がしやすいものだと思います。一つは需給関係が読めることです。市場における在庫の数の推移などで比較的予想がつきやすいのです。

　もう一つの要素は金融情勢です。金融が緩和されている時は、金利が低く、貸出量も増えるので不動産の価格は高止まりしやすくなります。逆に、金融引き締めの時期に入ると、融資の条件が厳しくなったり、貸しはがしなどが起こったりして不動産価格が下落します。

　自己資金を十分に持ち、金融が引き締められた時に購入することができる人が勝ち組になります。

　このことからもわかるように、不動産コンサルタントは経済・社会情勢・金融などの分野にも精通しなければなりません。

4 売却戦略の事例

広大地の郊外宅地の例

　神奈川県の郊外にあるバス便の立地です。2,000㎡の市街化区域内農地を相続税の納税資金に充てるために売却をすることになりました。土地の面積を30坪くらいに細かく分割したほうが高く売れるような立地です。近隣住民の所得は高くありません。最有効使用は建売分譲です。総額を低くしなければ売れない地域なので、複数のパワービルダーに声をかけることにしました。声をかけたパワー

ビルダーだけが参加できる、限定した入札にしました。

　結果は相続税評価額より30％増しで売却できました。一番低い価格と高い価格の差は約30％ありました。競争原理が働き、一番の会社はかなり思い切って突っ込んできました。

　入札する対象者の数を絞ったのは、パワービルダーが入札を嫌っているからです。あまりにも広く声をかけ入札を行うと、逆にパワービルダーから逃げられる恐れがあったからです。パワービルダーの気持ちも考慮した入札方法が鍵となりました。

老朽化した収益不動産の例

　千葉県の東京近接地域にあるバス便の一棟賃貸マンションです。相続対策だということで地元の不動産業者に勧められて建てたものです。最初の10年くらいは良かったのですが、その後賃料は下がり空室率も増え、修繕費がかかるようになってきたところで、ローンの支払いに窮するようになって、売却することになりました（この手の話はよくあります）。

　最有効使用者は個人の投資家と判断しました。最初は希少性をうたい、まだ公開されていない新着物件であることをアピールする戦略としました。しかし、金額が3億円を超えることもあり、希望価格では簡単には見つかりませんでした。次に、一気に情報の公開度を高め、レインズや物件情報会社などの媒体を通じ、広く不動産業者に紹介しました。

　そうすると、一斉に購入希望者が集まり、同時に3社からの申込みが入りました。全て指値はありましたが、3社競合になっている

ことをお伝えすると、全ての購入希望者に金額を満額に引き上げていただけました。資金面で確実な方へ売渡承諾書を渡し、無事成約となりました。当初は情報の開示度を低くし、徐々に公開度を高めていく戦略が当たりました。

都内屈指の高級住宅地の例

　誰もが知る都内屈指の高級住宅地にある土地の売却の依頼を受けました。現状の駐車場収入は少なく、いったん売却して換金し、そのお金で都心の収益不動産を購入しましょうと提案したところ賛成していただけました。

　問題は時期です。アベノミクスがスタートして、半年後くらいでした。近隣の過去の事例を調べると、いくら高級住宅地といえども坪300万円を超えることは困難でした。ところが、株価が上がった時期で、富裕層に動きが出ていると思われたので、坪400万円に近い金額で売り出したところ、売れてしまいました。

　高級住宅地の価格は株価に連動すると言われているのですが、それが見事に実証されました。最有効使用は個人の富裕層向け高級住宅用地です。購入者は限定されています。そこで販売戦略は、複数の地元大手不動産流通会社に声をかけ、希少性を全面に出し、情報開示を最小限にし、超富裕層に対して相対取引とすることにしました。その結果、上記のとおり思わぬ価格で成約となりました。超富裕層に支持されている相対取引という手法が上手く機能しました。

5 購入戦略の原理・原則

競争原理を排除する

　購入戦略は、売却戦略の逆を考えます。**図表4**をご覧ください。

　まず、競争原理を排除します。なるべく競争相手が少なく、相対取引をすることが安く購入することに結びつきます。いわゆるブルーオーシャン戦略です。

　相対取引がしやすいのは、皮肉なことに両手取引ができる業者と話を進めることです。両手取引を目指して、売主の仲介業者が自ら売主に対して値引きの話を積極的にやってくれることもあります。

　競売になれば多くの買主らとの競争になりますが、競売前に、自らの意思で売却できる任意売却に切り替えてもらえれば、相対取引にすることができます。とりわけ売主が債務超過の場合は、いくらで売却しても売主の手取りはゼロになるので、高く売ろうとする動機付けが働かないため、安く購入しやすくなります。

図表4 ● FUKUZAI購入戦略

ポイント	例
競争原理を排除	相対取引
	任意売却
	ハンデのある不動産（→商品化）
値付けの間違いを探す	収益還元価格との乖離があるもの
	取引事例価格との乖離があるもの
	積算価格との乖離があるもの
売り急ぎを探す	会社の決算期
	相続
	買換え

Chapter 9 不動産

　ハンデのある商品化されていない物件は、競争相手が少ないことと、ハンデそのものによって安く購入することができるでしょう。

値付けの間違いを探す

　Chapter 8【鑑定】でご紹介した「不動産アービトラージ」で説明したとおりです。**不動産価格は、収益還元価格、取引事例価格、積算価格の3つで算定するのですが、どの価格を重視するかによって、価格が変わります。**

　不動産査定に慣れていない業者が算定した場合、相場より高かったり、安かったりする物件が出てくるので、その値付けの間違いを探せば、相場より安く購入することができます。

売り急ぎを探す

　きちんと戦略を考えて売却する不動産は、相当の値段で取引されます。しかし中には、必要に迫られ急きょ売却しなければいけない不動産が市場に出てくることがあります。理由としては、会社の決算期、相続税納税のため、マイホームの買換え時に仮住まいをしたくない等です。

　これらの場合、売却時期が迫っているので、売り急ぎによって安く買えることがあります。下記にその事例をご紹介します。

6 購入戦略の事例

任意売却の一棟賃貸マンションの例

　ある投資家から優良な収益不動産が出てきたら紹介してもらいたいとの依頼を受けていました。優良不動産はそんなに頻繁に出てくるわけではありません。時間をいただき、優良不動産が出てくればご紹介するということで待っていただいていました。

　ある日、競売直前の一棟収益不動産の情報が入ってきました。競売が実行されるまで、残り1ヶ月もありませんでした。競売になるくらいですから建物の管理は全くされず、そのままでは使えないので、大規模修繕が必要でした。それでも、リフォーム費用を含め総額で表面利回り12％、ネット利回り9％と魅力的な価格で買うことができます。

　早速銀行にあたってもらいましたが審査に1ヶ月は見てくださいというので間に合いません。私の親しい銀行の支店長にお願いし、融資部に直接話を持っていってもらい10日で融資決定が得られ、無事決済ができました。競売直前での任意売却で、競争相手がいないことが有利な条件で買えた要因です。

　不動産は縁ものであり、タイミングが重要です。即決いただけたので、このような優良物件を購入することができたのです。

売り急ぎの法人所有の賃貸マンション

　二次相続対策で購入を希望していたAさんは、ある不動産業界の

Chapter 9 不動産

　上場企業が所有する一棟賃貸マンションを、良い条件で購入することができました。

　一次相続が終わり、二次相続対策のためにプライベートカンパニーを設立し、生前の資産移転と所得移転を検討してみました。プライベートカンパニーの所有で収益不動産を探していたところ、ちょうど決算時期なので売上目標達成のために無理してでも売却したいと考えていた不動産業者からの情報がありました。最近の上場企業ではＩＲが大切とされ、株主に対する説明責任があるので、無理してでも数値を整えたいのです。

　Ａさんは資産家のご子息なので、融資の心配がありません。融資の停止条件無しで購入するので、こちらが想定する利回りまで価格を下げてほしい旨を売主に伝えたところ、快諾していただき、年度末の会社の決算時期までに決済を間に合わせることができました。

　上場不動産業者もハッピーで買主もハッピーとなる取引でした。

相対取引の銀座ビル

　ある資産家の方が郊外に所有する駐車場を売却し、売却額と同額の融資を受け、駐車場の売却額の２倍で銀座のビルを購入した事例です。

　依頼者の希望する銀座のビルは人気があり、なかなか情報が表に出てきません。ステータスもあり換金性が高いので、少々利回りが低くとも取引が成立する地域です。このようなケースでは個々に情報を当たっていくしかありません。現所有者に働きかけ、お譲りしていただくというスタンスが大切です。

そのような話をあちらこちらでしていたところ、場合によってはお譲りしても構わないという法人の売主が出てきました。ただし、その法人は売ってしまうと賃料収入が減少するので、迷っていました。そんな時に、郊外でほぼ同額で銀座よりはるかに利回りの高い賃貸マンションの情報を得たので、銀座のビルを手放すかわりに、その郊外の賃貸マンションを購入してみないかとお話ししてみました。その結果、話が進み、銀座のビルをお譲りいただくことができたのです。相対取引で売主のニーズにも応えるという姿勢が効を奏しました。

Chapter 10
資産設計

Chapter 1 相続

Chapter 2 建築

Chapter 3 投資

Chapter 4 金融

Chapter 5 税務

Chapter 6 法務

Chapter 7 経営

Chapter 8 鑑定

Chapter 9 不動産

Chapter 10 資産設計

Chapter 11 コンサルティング

Chapter 12 コミュニケーション

Chapter 10 資産設計

プライベートカンパニー

時間を味方にして資産と所得を移転

資産家の王道であるプライベートカンパニーによる資産運用や相続対策を、その類型別にまとめて解説してみます。プライベートカンパニーは依頼者の目的に応じてその活用方法を設計していきます。複数の目的を同時に叶えられるのがプライベートカンパニーの利点です。

1 プライベートカンパニーを贈与する

　資産設計や相続対策を考えるうえで、優良な収益不動産を取得することは、もはや王道となってきました。安定収益が得られる優良な収益不動産の運営をプライベートカンパニーが行うことにより、さらに効果の高い資産設計や相続対策が可能となってきます。
　資産と所得の移転を通じて、資産設計を親子で考えていくことができます。そして、所得税対策、相続税対策、納税対策を加味しな

がら、優良な資産の構築を図っていくのです。

ここでは従来から行われてきた管理方式やサブリース方式ではなく、プライベートカンパニー自体が資産を所有する建物所有方式と土地建物所有方式を中心に話を進めます。

なかでも、土地建物所有方式は画期的な手法です。今まであまり論じられることもありませんでした。それはプライベートカンパニーそのものを贈与するという新しい発想です。文章で公表されるのは初めてかもしれません。

最近、何かと贈与税に注目が集まっています。それは、贈与税の制度が緩和の方向にあるからです。教育資金非課税贈与制度の創設などがその象徴です。日本の高齢者が持つ消費されない資産を早期に若年世代に移し、若い世代に消費させ景気回復のけん引力と消費税増収を期待する政策です。

プライベートカンパニーの贈与も、若い世代に資産と所得を移転することによって、景気回復のけん引力と消費増税に寄与すると同時に、親子で考える資産設計に役立つものであると考えております。

2　なぜプライベートカンパニーで資産を持つのか？

資産家のニーズに合うプライベートカンパニー

当社に相談にお越しになる資産家の方々には、ほぼ100％プライベートカンパニーを設立していただいています。もしくは元々資産管理会社を保有している方もいらっしゃいます。なかには既に設立

Chapter 10 資産設計

はしてあるものの、あまり有効活用されていなかったり、全く使われていなかったりする場合もありました。

なぜ、多くの資産家の皆さんはプライベートカンパニーを設立されるのでしょうか？ それは資産家のニーズに合致するからです。以下にプライベートカンパニーの活用方法を紹介しながら、理解を深めていきましょう。

所得税率が上がり、法人税率が下がっていく

国の債務が1,000兆円を超え、これ以上債務を増やさないようにするためにも、富裕層への課税が強化されつつあります。相続税の課税ベースの引き上げ、相続税と所得税の最高税率の55%への引き上げなど富裕層にとっては頭の痛い話です。

一方、法人税は国際競争力の観点から、他国並みまで下げていく方向性にあります。現在、実効税率が約35%ですが、20%台まで下げていくようにと議論が進んでいます。

もうおわかりですね。プライベートカンパニーを設立する理由は、所得税率より法人税率のほうが低くなる場合が多いからです。その分、税引き後のキャッシュフローが多くなるからです。また、プライベートカンパニーの役員である親族に役員報酬を分散することにより、所得税の累進課税を緩和することができ、トータルの所得税を軽減させることができるからです。

法人化すれば応分の経費も必要になるので、その経費を上回るメリットが享受できれば法人化を検討します。目安は、課税所得が1,000万円を超えたらシミュレーションするまでもなく法人化です。

トリプル効果の相続対策

次に、相続対策という観点です。相続対策という言葉は色々な意味で使われていますが、その中身は「分割」「納税」「節税」の3つに分けられます。

一般的には「分割」「納税」「節税」は、それぞれ利益相反すると言われているのですが、同時に全ての目的を満たす究極の相続対策がプライベートカンパニーの活用です。

プライベートカンパニーで資産を切り離すことにより分割対策ができ、プライベートカンパニーを通じて所得の移転を行うことにより納税対策ができ、プライベートカンパニーを予め贈与することにより節税対策を行うことができます。

具体的には 4 5 でご紹介します。

その他にこんなメリットも

法人として収益不動産を所有し運用することによって、法人のメリットが様々受けられます。

まず、経費の範囲の違いです。個人で収益不動産を持つと家事消費との区別を明確にする必要があります。車や事務所、携帯電話代など、直接不動産管理に使われる経費と個人で使用する部分を明確に分け、直接不動産管理に使用する部分のみ按分して経費として申告することになります。

一方、法人で所有し運用する場合には、法人の利益追求目的という観点から、経費として見られる範囲が広がり、間接的な経費まで

Chapter 10 資産設計

含めて経費が認められる傾向にあります。交際費の範囲も同様です。

法人は欠損金を9年間繰り越すことができることが強みです。個人の場合は利益と損失を通算することが難しく、利益は利益として税金を支払い、損が出てもそのまま損が捨てられてしまう傾向にあります。法人であればその無駄がありません。

含み益がある場合は、相続税の株価評価の際に含み益に対し法人税相当をマイナスして計算できるという利点があります。

唯一のデメリットは、売却する時の譲渡税の違いです。長期譲渡所得であれば個人のほうが有利となります（**図表1**）。

ただし、プライベートカンパニーの株自体を売買することにより、5年以内の売買でも20％（所得税・住民税）で完結します。その場合、不動産取得税や登録免許税もかかりません。いわゆる不動産M＆Aといわれる手法で、今後この手法がかなりポピュラーになってくるものと予想しています。

図表1 ● 個人と法人の有利・不利（税制上）

	個人所有		法人所有	
所有時	所得税 　最高税率約50％→約55％	×	法人税 　約41％→約38％→約35％ 　（中小企業の場合、軽減税率有り）	○
売却時	譲渡所得税 　他の所得と損益通算できない 　短期 約39％ 　長期 約20％	× △ ○	法人税 　約41％→約38％→約35％ 　（中小企業の場合、軽減税率有り）	△
相続・贈与時	相続・贈与税 　相続税評価	○	株の評価 　含み益から40％控除できる 　（ただし3年しばりがある）	◎

3 プライベートカンパニーの4類型

管理方式

　図表2のスキームをご覧ください。かつて流行したスキームです。プライベートカンパニーが管理収入を得、親族に役員報酬として所得を分散するというものです。

　ところが、実態もないのに家賃の数十％の管理報酬を得るということが問題になりました。外部の管理会社の相場は5％前後です。ということはせいぜい8％くらいまでが限度ということでしょう。

　外部に再委託する場合、仮に外部に5％支払った場合、残りは3％しかありません。仮に月収が100万円としても、払える役員報酬は総額でたったの3万円です。これでは実質的に所得分散にはなりません。

　ということで、現在ではこの方式は過去の遺物となりました。

サブリース方式

　管理方式では所得分散が実質不可能ということで、次に利用されたのがサブリース方式です（**図表3**）。

　一棟ごと一括して借り上げることになるので、空室のリスクを負うことになります。したがって、リスクは高くなり報酬のリターンも大きくなります。一般的に外部のサブリース会社は、エンドユーザーからの賃料と借上賃料の差は15％程度を目論んでいます。

　ということは、賃料の20％くらいまでを報酬として得るのが限界

Chapter 10 　資産設計

図表2 ● プライベートカンパニーの4類型①

●管理方式

- 建物　親
- 土地　親
- 入居者
- 株主 プライベートカンパニー
- 子

賃貸借契約
賃料
賃貸管理契約
賃料
管理料
給与

☞ 適正管理料にすること　<u>8%</u>くらいまで

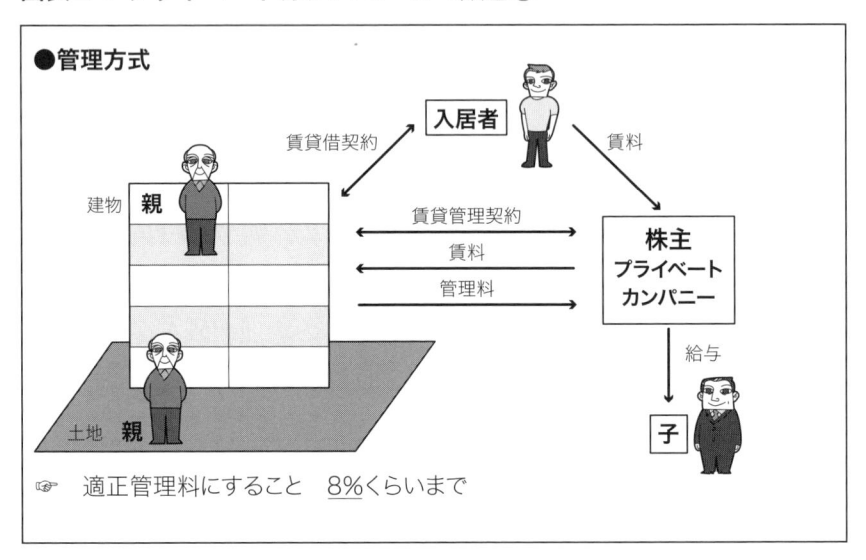

図表3 ● プライベートカンパニーの4類型②

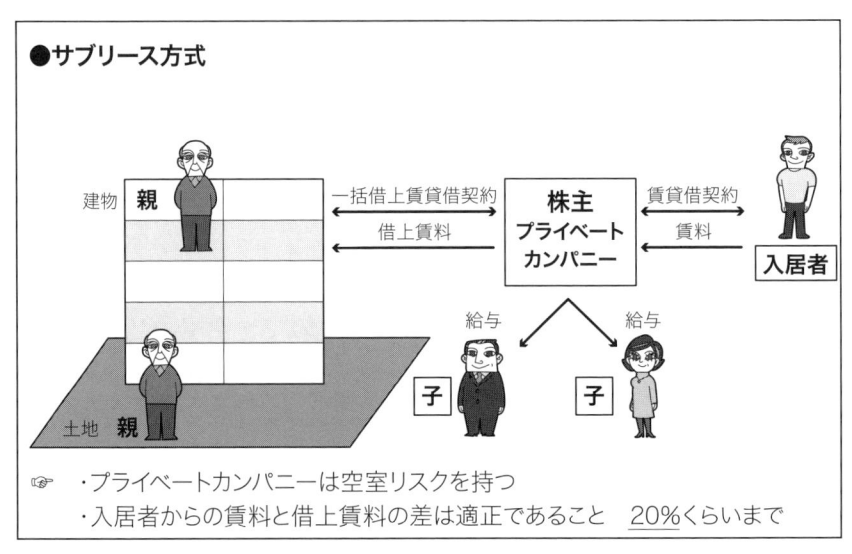

●サブリース方式

- 建物　親
- 土地　親
- 株主 プライベートカンパニー
- 入居者
- 子
- 子

一括借上賃貸借契約
借上賃料
賃貸借契約
賃料
給与
給与

☞ ・プライベートカンパニーは空室リスクを持つ
　・入居者からの賃料と借上賃料の差は適正であること　<u>20%</u>くらいまで

ではないでしょうか？　それでも管理方式よりは報酬が多いので一定の効果が見込めます。もちろん、思ったより空室が多かったり、値引きが大きかったりすれば報酬は少なくなります。赤字になることだってあります。

　ここで外部と違う点は、法人にリスクが移った分、個人のリスクが減少するということです。法人と個人が同族であるのならばトータルの収支は「行って来い」なので、トータルのリスクが増えたわけではないのです。

　サブリース方式は、家賃収入が大きい場合には今でも有効です。

建物所有方式

　管理方式やサブリース方式では十分な目的が達せられないので、次に考えられた方法が建物所有方式です（**図表4**）。

　法人が建物を所有してしまうのです。そうすれば、100％家賃収入は法人のものになります。賃料の100％が法人のものなので所得分散は可能です。

　ここで検討すべきことがあります。土地は個人のものなので、使用貸借か地代を支払って借地にすることです。

　使用貸借であれば地代が発生しないので、一見良いように見えますが、土地に借地権が発生しなくても相続税評価は自用地になるので、更地と変わりません。

　であるのなら借地権を発生させるほうが良いのですが、残念ながら同族の場合は評価減が20％しかありません。それでも土地の評価が20％落ちるのはありがたいことです。そのためには、通常の地代

Chapter 10 資産設計

を支払う必要があります。通常の地代の相場は現在、固定資産税の3倍程度です。ということは、少なくとも固定資産税の2倍は地代を支払うべきでしょう。

それでもかなり地代は低いと思われます。事業で考えるのであれば、税務上の「相当の地代」と言われる土地価格の6％相当が妥当だと思います。私が資産家のROA（総資産利益率）を7％以上にしましょうと訴えている数値と合致しています。

相続税評価が20％減額になるのであれば、経済合理性より低い地代を支払ったほうが一般的には使用貸借より有利だといえます。ただし、長生きされた場合には地代の合計額も膨らむので、使用貸借にしたほうが有利になる場合もあります。そのあたりはシミュレー

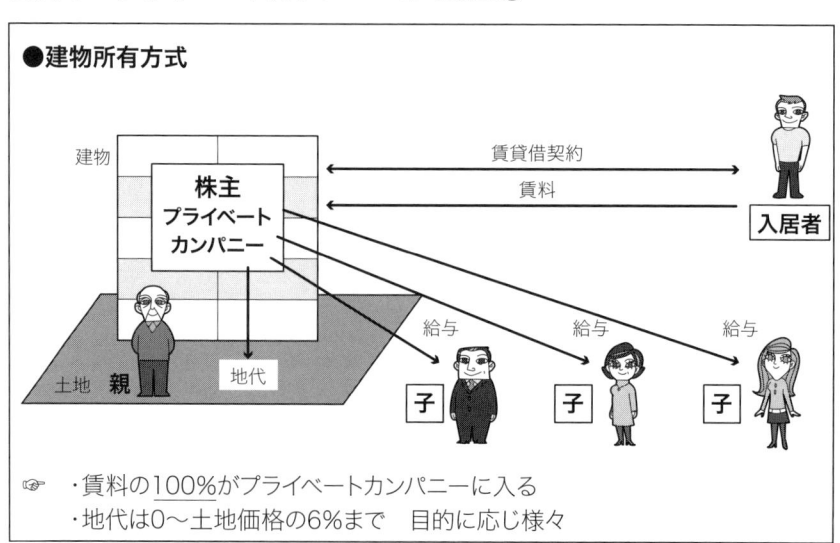

図表4 ● プライベートカンパニーの4類型③

●建物所有方式

- 賃料の100％がプライベートカンパニーに入る
- 地代は0〜土地価格の6％まで　目的に応じ様々

ションして有利・不利を判断します。

固定資産税の数倍を支払って借地にすることはできますが、その際に権利金の認定課税の問題が出てきます。新規に借地権を設定する場合、法定更新があり実質土地は戻ってこないので権利金を支払う慣習があります。場所にもよりますが、土地価格の50%もの権利金を支払う必要があります。ところが、新設した法人にはそんなお金がありません。

そこでの救済措置が「土地の無償返還に関する届出書」の提出です。将来、無償で返すのだから、権利金は必要ないでしょうという意味合いです。

したがって、法人と地主の間での賃貸借契約書には、必ず将来無償で土地を返す旨の特約を記述し、税務署には「土地の無償返還に関する届出書」を提出しておくことが必要になります。

土地建物所有方式

建物所有方式は借地権がからみ複雑です。将来の換金性にも影響が及びます。借地は基本的には不良資産です。同族ではあれど地主と借地人との関係は残ります。そこで考えたのが、土地と建物をともにプライベートカンパニーが所有するというものです（**図表5**）。

土地代もとなると必要資金が高額となります。また、親の土地をプライベートカンパニーで取得すると、親に譲渡税が発生するという問題が起こります。

したがって、土地建物所有方式は、新たに土地建物を取得する不動産投資になります。

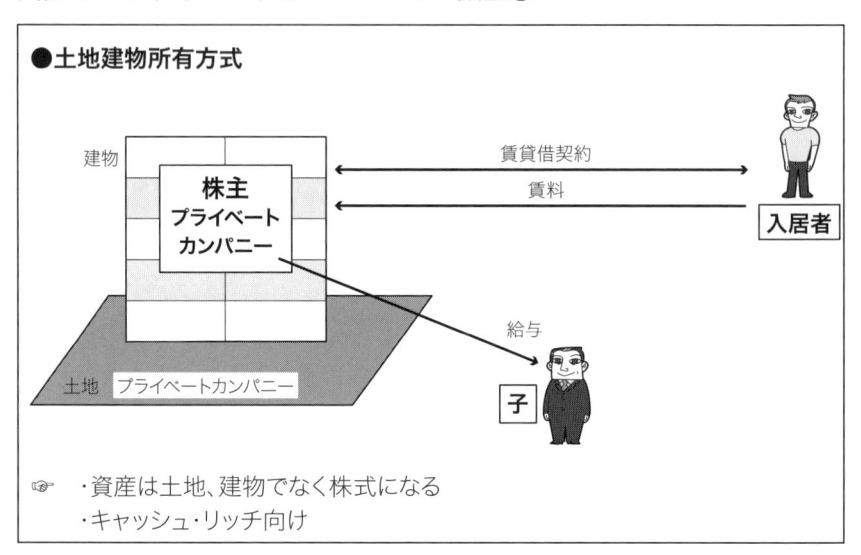

図表5 ● プライベートカンパニーの4類型④

●土地建物所有方式

```
建物
  株主
  プライベート
  カンパニー
土地　プライベートカンパニー

賃貸借契約
賃料
→ 入居者

給与
→ 子
```

☞ ・資産は土地、建物でなく株式になる
　・キャッシュ・リッチ向け

　プライベートカンパニーの設立時も比較的高額な出資金となります。出資金が1億円以下までなら、小会社ということになり、今のところ外形標準課税の対象となりません。この出資金にプライベートカンパニーで借りたローンを加え、収益不動産を購入します。

　出資者と代表取締役は当初親となります。しばらく様子を見て、子へ贈与しても良いと判断した時期に贈与をします。

　この時の株価は3年経っていれば相続税評価額になっています。収益不動産の相続税評価額は時価に対しかなり低めになる上、債務もあるため、株価は思っていたより低かったということがあります。場合によると株価ゼロということもあり得ます。

図表6 ● プライベートカンパニーの4類型のメリット・デメリット

	メリット	デメリット
①管理方式	●手軽	●管理料が8%では、所得分散が難しい
②サブリース方式	●ある程度の収入が見込まれ、給与による所得分散ができる	●空室リスクをプライベートカンパニーが負う（個人のリスクが法人に移転しているだけ）
③建物所有方式	●収入の帰属が100% ●融資が受けやすい	●借地関係が生じ、権利金の認定課税などへの対応が必要
④土地建物所有方式	●収入の帰属が100% ●権利関係がシンプル ●将来贈与や売却がしやすい	●融資が受けにくい（キャッシュ・リッチ向け）

　以上のプライベートカンパニー4類型のメリット・デメリットをまとめたのが、**図表6**です。

4　建物所有方式の活用方法

新築をプライベートカンパニーで建てる

　親が所有している土地が有効活用に適した土地であれば、その土地に新築の収益不動産を建築してもよいでしょう。土地を親から借り、建物はプライベートカンパニー名義で建築します。収益の100%がプライベートカンパニーに帰属し、そこから経費・親に支払う地代を引いた残りが利益になります。その利益を役員報酬として、親族に支払っていくことにより所得分散を行います。

Chapter 10　資産設計

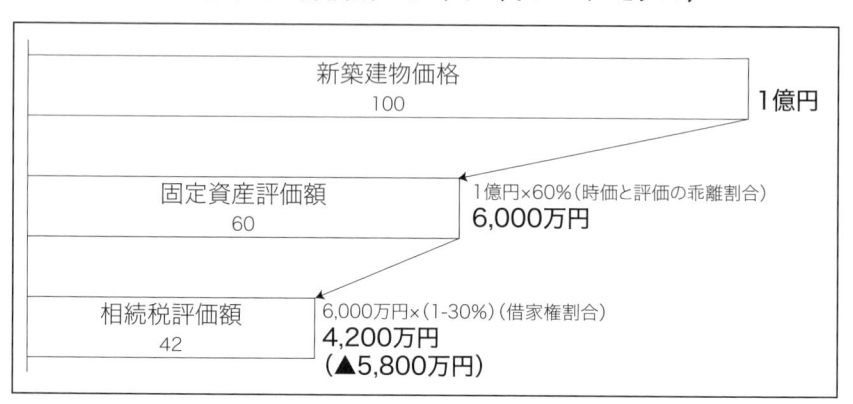

図表7 ● 建物所有方式の評価減のしくみ（イメージモデル）

```
新築建物価格
100                           1億円

固定資産評価額    1億円×60%（時価と評価の乖離割合）
60              6,000万円

相続税評価額     6,000万円×(1-30%)（借家権割合）
42              4,200万円
                （▲5,800万円）
```

　相続対策としては、プライベートカンパニーで建築しても個人名義で建築するのと同じ効果があります。**図表7**をご覧ください。新築建物を仮に1億円とします。建物が完成し、地方自治体で固定資産評価がされます。その評価は建物の構造によって変わりますが、一般的には60％くらいになります（この時価と固定資産評価額の乖離はケースバイケースで相当のふり幅があります）。さらに借家人がいるため、借家権割合30％を引くことができるので、相続税評価額は4,200万円となり、約58％評価を下げることができます。

　ただし、ここで注意が必要なのは個人と違い、法人の株価が下がるのは3年後だということです。もし株主が子どもであれば、子どもの株の評価が下がるだけで、親の資産の評価を下げることにはなりません。したがって、この建物所有方式は、まだ親が50〜60歳くらいで、平均余命が長い世代に向いています。子どもに所得移転を行い、納税資金を貯める長期の相続対策に向いています。

　同族と言っても借地になるので、土地の評価が20％減となるの

は、親の財産を圧縮することにつながります。一方で、借地権の20％の価値がプライベートカンパニーの資産になるので、「行って来い」のように思えますが、一般的には株主を子どもにするので、プラスされるのは子どもの資産だけです。

中古は簿価で建物だけ買い取る

　実務では、親の中古の収益不動産の建物だけをプライベートカンパニーが取得するということが多いです。とりわけ、減価償却が進み、簿価が下がっていれば、取得費も少なくて済み、プライベートカンパニーの資金の負担が小さくて済みます。

　その時の取得価格についてよく質問を受けます。なぜかと言うと、同族間だと少しでも安く売買したいというニーズが高いからです。しかしながら同族間売買ほど慎重でなければなりません。すなわち時価での売買が求められるからです。

　「時価での取引」ということですが、建物だけ取引されることはないので、建物だけの時価を知ることは実際不可能です。いちいち不動産鑑定士に鑑定評価を依頼するのはコストがかかって大変です。そこで通常、便宜的に固定資産評価額を参考とします。これは地方自治体が評価したもので、ある程度の客観性があります。ただし、この固定資産評価も3年ごとの評価替えがあり、地方自治体によってもバラツキが多いので、時価と言い切るのも無理があります。

　そこで、収益不動産の場合は毎年確定申告において減価償却費の計算を行い、簿価を記しているので、その簿価で売買するというの

Chapter 10 資産設計

が実務的です。しかも所得税は国税なので、国のお墨付きの時価と言えます。

売買価格を低くしたいのであれば、減価償却が進んでいる古い建物が適しているということになります。ただし、2～3年で回収できてしまうような利益の大きい建物を簿価で譲渡することは要注意かもしれません。

資金調達はどうするか

資金調達の方法には下記があります。

① プライベートカンパニーが現金を持っていれば、プライベートカンパニーが現金で購入。ただし、通常プライベートカンパニーが新設の場合、現金を持っていることは少ない。何年か経ちプライベートカンパニーに貯蓄ができた場合
② 子どもが現金を持っている場合は、プライベートカンパニーが子どもから借りて購入する。このケースも少ないと思われる
③ プライベートカンパニーが銀行から融資を受けて購入。実績の無い新設のプライベートカンパニーでも同族会社の資産を勘案されるので、連帯保証人をきちんと付けさえすれば、融資を受けられる可能性は高い
④ 親から資金を借りて返済する。銀行が親になっただけ。銀行ローン並みの金利を付ける
⑤ 売買代金を分割で払っていく方法。利息は付けたほうが良いが、無くても構わない。返済は家賃収入から可能。④と似てい

るが、実際にお金が動くわけではないので、この方法は人気がある。売買契約書に支払条件をきちんと記載しておくことがポイント

難しいのは売買価格よりローン残高が多い場合です。銀行がローン残高分全額を融資してくれることは一般的にはあり得ません。民事信託を利用すれば、そのあたりのことがクリアになるかもしれません。

5　土地建物所有方式の活用方法

不動産投資をプライベートカンパニーで行う

　具体的に数値で説明します。**図表8**をご覧ください。不動産投資においても、相続税評価と時価には乖離があります。東京都内の場合、収益還元価格は積算価格より高めに出るケースがほとんどです。積算価格が収益還元価格の8割とすると、2億円の収益不動産の積算価格は1.6億円になります（法人税法上の時価はこの積算価格だと思われます。株主が法人となる場合の時価には注意が必要です）。

　土地は積算価格の8掛けが路線価、さらに貸家建付地の評価減20％を加えると、収益還元価格からみると相続税評価額は約51％の評価となります。先ほど述べた建物の評価減と考えると、このイメージモデルでは土地は約半分、建物は約3分の1の評価となります。合計で相続税評価は4割強といったところでしょう。個人が株

Chapter 10 資産設計

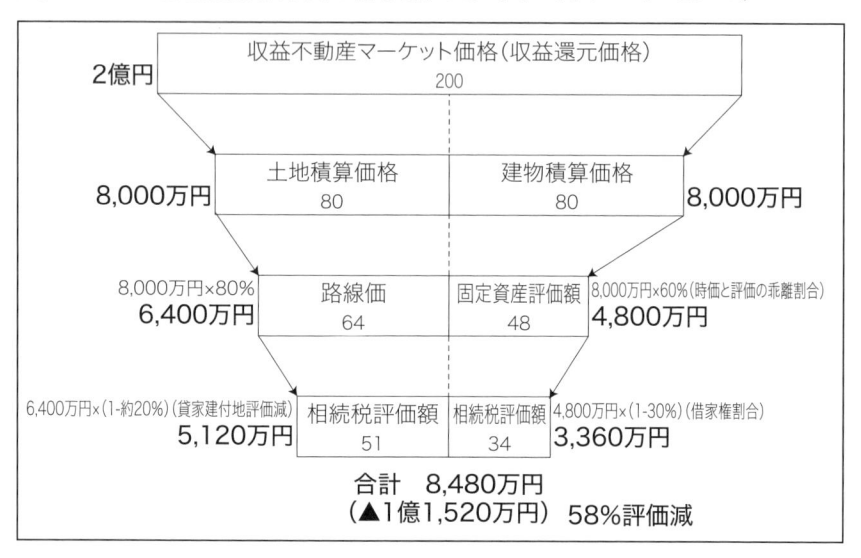

図表8 ● 土地建物所有方式の評価減のしくみ（イメージモデル）

```
2億円 ─── 収益不動産マーケット価格（収益還元価格）
              200

8,000万円 ─── 土地積算価格 80 │ 建物積算価格 80 ─── 8,000万円

8,000万円×80%           路線価 │ 固定資産評価額     8,000万円×60%（時価と評価の乖離割合）
6,400万円                  64  │        48           4,800万円

6,400万円×(1-約20%)(貸家建付地評価減)   相続税評価額 │ 相続税評価額   4,800万円×(1-30%)(借家権割合)
5,120万円                                51       │      34        3,360万円

          合計　8,480万円
        （▲1億1,520万円）　58％評価減
```

主の場合、不動産投資においても株価が大幅に下がることが理解できたと思います。

出資金と借入金は50％ずつにする

　出資金1億円に対し、借入金1億円とします。プロのリートやファンドも借入金比率は50％です。レバレッジ2倍までくらいが健全です。最近の風潮である全額ローンで購入しようとする個人投資家の危うさを憂います。

　銀行からすれば2億円の収益不動産購入に対し、自己資金比率が50％なので優良貸付先として喜んで融資してくれるでしょう。

　このモデルにおいてプライベートカンパニーの株価は3年後には

図表9 ● プライベートカンパニーのB/Sと株価 （土地建物所有方式）

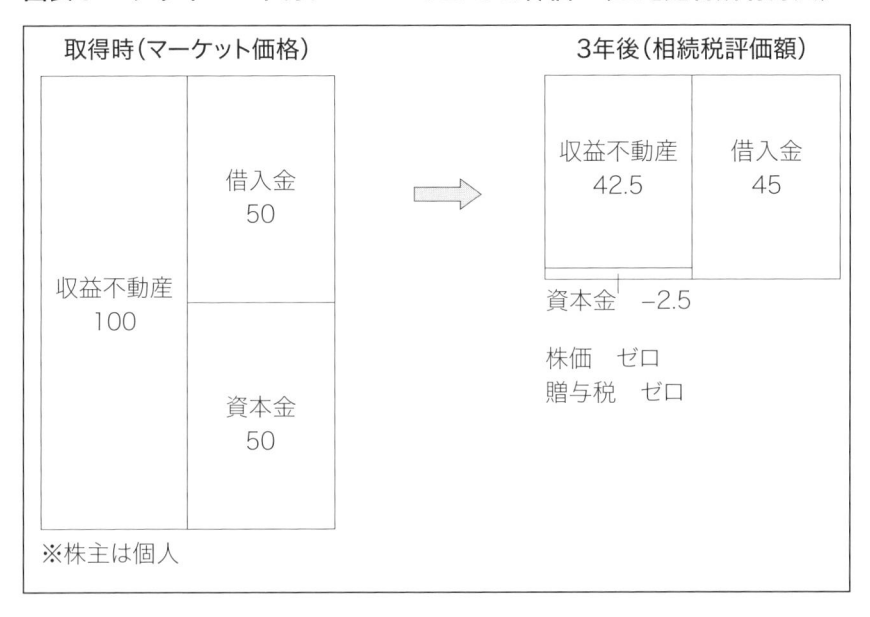

```
取得時(マーケット価格)                3年後(相続税評価額)

              借入金                  収益不動産    借入金
              50                     42.5         45
収益不動産
100                                  資本金  −2.5
              資本金                   株価    ゼロ
              50                     贈与税  ゼロ

※株主は個人
```

約8,500万円となる計算になります。借入金残額が9,000万円だとすると、この時点で株価は0円となります。この時点で贈与をするならば贈与税はゼロとなります（**図表9**）。

タイミングを見計らい贈与する

　時間が経てば経つほど、ローン残債が減り株価が高くなっていくことが予想されるので、タイミングを見て株の贈与を行います。子どもに経営者としての自覚が生まれる大人になる段階で贈与されてはいかがでしょう。また一気に贈与せずに、数年かけて贈与していく方法もあります。

子ども世帯に資産を移して、子ども世帯が相続税の納税資金を蓄えつつ、一部は生活資金として消費すれば経済成長にも貢献します。

また、子どもが3人いれば、3つのプライベートカンパニーを設立し、それぞれの子どもに1法人ずつ贈与します。これにより株の共有を避け、将来、遺産分割で揉めることのないようにしておきます。

なお、税金に関する判断は税理士等の専門家に確認してもらってください。かなり専門的知識が要求されるので、できれば顧問税理士だけでなく、資産税や事業承継に詳しい税理士にも相談してみると良いと思います。

6 成功の鍵は収益不動産の目利き

本末転倒にならないこと

私は常々「節税を追っかけると、なぜかお金が逃げていく」と警鐘をならしています。世の中の節税策といわれるもののほとんどが、「インプットの総量」に対し「アウトプットの効果」が少なすぎると思います。節税にエネルギーを使いすぎずに本業を伸ばしバンバン稼いで、ちゃんと税金も支払い、税引き後のキャッシュフローを高めたほうがむしろ効率的です。本業の商品やサービスの価値提供と納税は、どちらも優れた社会貢献であることを再認識していただきたいと思います。

節税法の中で減価償却について語られることが多いのですが、減

価償却とは時と共に価値が落ちていくから経費になるのであって、節税のためにあるのではありません。価値の下落額＝減価償却費なので、包括利益が減るぶん経費になっているだけのことです。

木造アパートはきちんと修繕や維持管理をしなければ、やはり寿命は20〜30年でしょう。

建物所有方式においても立地が悪ければ、思うような収益が得られません。収益不動産なので売却する時は収益還元価格です。その場合、建物の新築価格程度にしかならないこともあります。ということは、土地の価値分が消えたことになります。賃貸経営は現実には想定以上の経費がかかるものです。節税になるからと言って甘い収支計画表で判断して実施しては後悔します。賃貸経営のリスクを予測し、適切な事業計画のもとで行うことが大切です。

土地建物所有方式はさらに目利きが大切です。不動産投資なので、投資リスクが伴います。不動産投資のことを熟知していなければ怖くてできないでしょう。

税理士が上記のスキームを理解しても、慎重に考えましょうと助言するのは、投資リスクに責任が負えないからです。

不動産投資を熟知した不動産コンサルタントと実際に税務処理を行う税理士、プライベートカンパニーを設立する司法書士の三者が揃ってはじめて実行可能となるスキームです。

「収益力」「換金力」の目利き

とりわけ「収益力」と「換金力」の目利きは重要です。表面利回りが高いのに、NOI利回りが低い物件はたくさんあります。地方や

Chapter 10　資産設計

郊外などの利回りが高くても、将来換金する時に思った価格で売却できないことだってあります。

「持って良し、売って良し」の両立するものだけが優良物件なのです。詳しくはChapter 3【投資】をご覧ください。

「節税力」を見極める

従来の投資の視点の中で見逃されがちなのが、「節税力」という観点です。マーケット価格と相続税評価額の乖離に着目することです。タワーマンションの最上階に近い区分マンションなどは話がわかりやすいと思います。ただし、先ほど述べた「収益力」「換金力」があるかどうかをチェックする必要があります。

大通りから少し入ったそれほど広くない道路に面した収益不動産などは狙い目です。路線価が低くなっているにもかかわらず、大通りに建っている収益不動産と賃料相場にそんなに差が無いので利回りが取れるのに、路線価が低い場合が多いからです。

建物は築年数がある程度経っていたほうが、時価と固定資産評価の乖離が大きく「節税力」があるといえます。ただし、くどいようですが「収益力」「換金力」があるのかを見極めることが大切です。節税ありきでものを考えることは、最も危険な発想だからです。

相続税対策は不動産だけではなく、たくさんの手法が紹介されています。しかしながら、圧倒的に効果が大きく実用的なのは不動産を使った相続税対策です。その分リスクも大きいので、プロの不動産コンサルタントの良心的なアドバイスが欠かせません。

Chapter 11
コンサルティング

Chapter 1 　相続

　Chapter 2 　建築

　　Chapter 3 　投資

　　　Chapter 4 　金融

　　　　Chapter 5 　税務

　　　　　Chapter 6 　法務

　　　　　　Chapter 7 　経営

　　　　　　　Chapter 8 　鑑定

　　　　　　　　Chapter 9 　不動産

　　　　　　　　　Chapter 10 　資産設計

　　　　　　　　　　Chapter 11 　**コンサルティング**

　　　　　　　　　　　Chapter 12 　**コミュニケーション**

Chapter 11 コンサルティング

フレームワーク

情報と知識を知恵に昇華させる

悩みを抱える依頼者から、断片的な情報を整理し、本質的な課題を浮き彫りにする場面でコンサルタントの力量が試されます。その際に有力なツールとなるのがフレームワークです。思考の堂々巡りを避け、短期間で解決策を導き出す必須のスキルを身に付けましょう。

1 コンサルティング技能を磨こう

そもそも不動産コンサルタントにとって最も大切な技能は、「コンサルティング技能」です。もっと率直に言えば思考能力です。当然専門知識や経験も必要ですが、それ以上に大切な能力は、物事を深く考え問題の本質にたどりつく思考能力です。

思考能力イコール「地頭の良さ」だと思われていますが、フレームワークなどの思考の枠組みを使えば、誰でも効率的に情報を整理

することができます。

　事実の積み重ねによって情報を整理し、取り組むべき課題を抽出して、具体的なアクションプログラムに落とし込む。最終的に依頼者に意思決定していただき、実行に移し、成果を出す。

　この一連の作業は思考の連続です。百人百様の資産背景や利害関係、そして意思決定権者の思考特性やリスク許容度によって、答えは様々です。

　私達コンサルタントの本質的な仕事は、実行して結果を出していただくために、「意思決定をしていただく環境を整える」ことです。空理空論、評論は全く不要です。不要どころか空理空論、評論はノイズになるだけです。

　コンサルタントはある程度の限られた時間で成果を求められることが一般的です。考え、書き、話す技術を磨き、短い時間の中で解を見つけなければなりません。思考の堂々巡りや、まとまりのない文章、何を言いたいかわからない話が続くようでは失格です。

　フレームワークの一般論は数々の本やセミナーで紹介されていますので、詳細はそちらに任せるとし、ここでは私が不動産コンサルティングの現場でよく使う主な15のフレームワークを活用事例として紹介します。他にもたくさんのフレームワークがありますが、ぜひコンサルティングの現場で応用していただければと思います。

　フレームワーク思考を体得することによって、思考の生産性を向上させることができます。もちろん、プレゼンに大いに力を発揮するでしょう。

Chapter 11 コンサルティング

2 問題を「取り組むべき課題」に変える

〔As is/To be〕 理想と現実のギャップ（図表1）

　不動産をたくさん所有する資産家へのコンサルティングの例です。

　依頼者いわく「今は質素ながら生活もできているし、特段不自由はしていないので、急がないですが、将来的には建物の老朽化や相続税の心配をしないわけではない」

　「財産診断」を行ってROA分析をしたところ、ROA（総資産利益率）が現状3％だとします。コンサルタントはズバッと「ROAを7％まで持っていきましょう。修繕費の積立や将来の相続税の納税資金が必要です。そのためには資産に稼いでもらう必要がありま

図表1 ● As is / To be

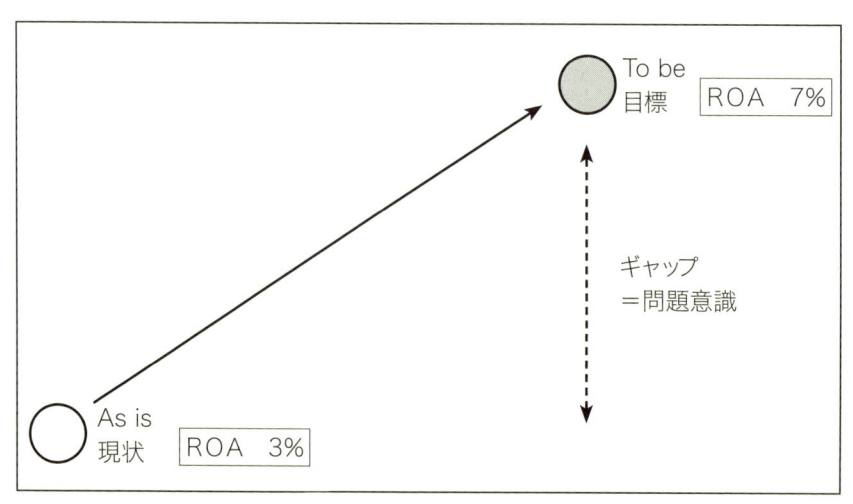

```
                            ○ To be
                              目標    ROA  7％
                             ↑
                             ┊
                             ┊ ギャップ
                             ┊ ＝問題意識
                             ┊
                             ↓
   ○ As is
     現状   ROA  3％
```

す。不良資産を処分して、優良資産に組み替えましょう」と言います。

目の前には顕在化した問題ではなくとも、現状と将来の目標とのギャップの認識によって問題が見えてきます。視点を遠く高く持ってもらうことがポイントです。

〔ロジックツリー〕 モレなくダブリなく（図表2）

課題の解決策を考える場合に、あらゆる選択肢を出すことが、最適案を選ぶ時に有効です。ポイントは「モレなくダブリなく」です。思いつきの対策案を排除して、合理的な判断を行うことができます。

例えば、土地の有効活用の場合ですと、「近所の知り合いが賃貸マンションを建てたので自分も」というような思いつきで決めるので

図表2 ● ロジックツリー

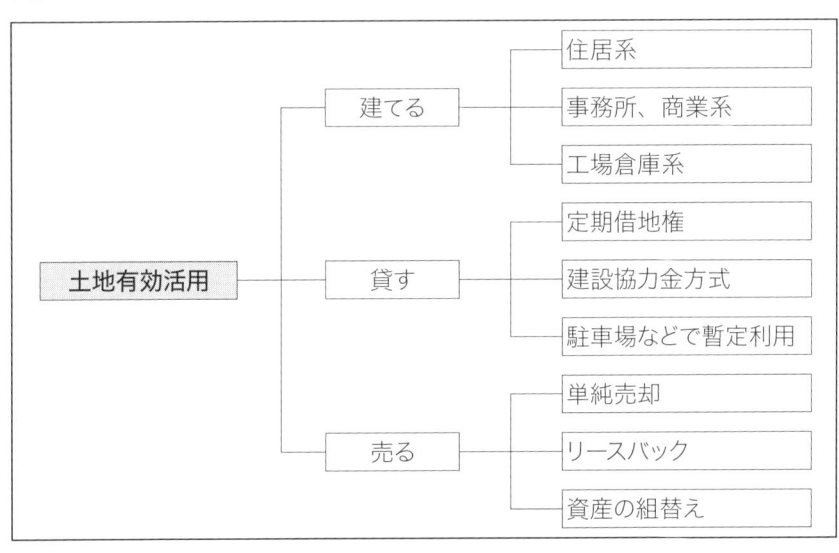

```
                    ┌─ 住居系
              ┌ 建てる ─┼─ 事務所、商業系
              │      └─ 工場倉庫系
              │
              │      ┌─ 定期借地権
土地有効活用 ─┼ 貸す ─┼─ 建設協力金方式
              │      └─ 駐車場などで暫定利用
              │
              │      ┌─ 単純売却
              └ 売る ─┼─ リースバック
                     └─ 資産の組替え
```

Chapter 11 コンサルティング

はなく、有効活用には「建てる」「貸す」「売る」という3種類があり、またそれぞれその方法もたくさんあります。建てるのではなく、貸すほうが目的に合っているのかもしれません。

経験上3つ3つでブレークダウンしていくと整理しやすいです。最適案は目的により変わってきます。したがって、As is/To be 等によって目的・目標を明確にした後が有効です。情報を整理するだけでは解を得ることができません。

〔意思決定マトリクス〕 最適案の決定（図表3）

上記のロジックツリーによって有効活用で「建てる」と方向性を決めたとします。次の段階で、最も納得感のある最善策を選ぶ時に使えるのが意思決定マトリクスです。評価項目とその重みづけがポイントになります。例えば各評価項目を10点満点として、重みづけを3倍までとして採点し、合計点を出すと解答が見えてきます。もし何となくしっくりこなければ、評価項目と重みづけを変更してやり直してみてください。依頼者と一緒に行うと納得感が増します。

仮説によってある程度の活用方法を想定しておいて、その検証の

図表3 ● 意思決定マトリクス

	ROA ×3	CF ×2	投資リスク ×2	ステータス ×1	合計
5階建てマンション	5	3	3	9	36
3階建てアパート	7	7	5	4	49
2階建て保育園	8	6	8	8	60
1階建て店舗	9	5	6	6	55

ためにも使えます。マトリクスの作り方は自由自在です。ケースによって応用してください。フィギュアスケートや体操の点数化と似ていますね。

3 戦略立案の基本はこの3つ

〔3C〕 利害関係者の視点で考える（図表4）

例えば、田園調布の土地の有効活用として、外国人向け高級借家を企画するとします。とかくありがちな、自社の思い込みだけで企画するのではなく、顧客の立場や競合を分析して、自社の企画の優位性を打ち出していく戦略立案手法です。

図表4 ● 3C

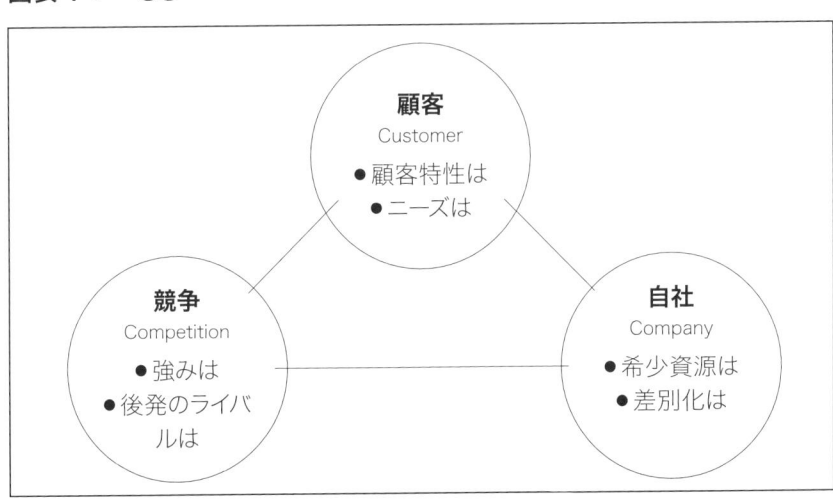

```
              顧客
            Customer
           ●顧客特性は
            ●ニーズは


    競争                    自社
  Competition              Company
   ●強みは                ●希少資源は
 ●後発のライバル            ●差別化は
      は
```

Chapter 11 コンサルティング

　顧客の立場の分析はマーケティングです。顧客特性、ニーズを徹底的に検討します。競合は現状のライバルの強み、今後現れるライバルを想定します。そのうえで自分の持つ希少資源を最大限活かして差別化を行います。

　田園調布の外国人向け高級借家の企画では「ドイツ人向けに日本庭園を活かした環境共生型借家」とコンセプトを定め、数々の差別化提案を行っていきました。ここで戦略を間違えると、同じ投資をしても家賃月額120万円取れるところが月額80万円に下がってしまうリスクがあったからです。

〔SWOT〕 環境分析から考える（図表5）

　最もポピュラーな伝統的フレームワークです。事業者の戦略立案に利用されています。外部環境変化と内部環境変化を考え、今後どの事業に力を入れていくべきなのかを検討します。

　不動産コンサルタントのなかで今相続ビジネスが注目されている

図表5 ● SWOT

		内部環境	
		強み Strengths	弱み Weaknesses
外部環境	機会 opportunities	当社は相続に強く、今後高齢化で相続が増え相続ビジネスのチャンス	インターネットの普及で直接お客様からの問い合わせが増えている
	脅威 Threats	少子化の進行によりファミリー向け分譲だけではパイが減る一方	銀行が相続ビジネスに参入し、力を入れている

のは、外部環境変化の少子高齢化によるものです。海外不動産が注目を浴びるのも、国内のデフレによるものです。これらマクロの外部環境変化に逆らわないほうが無駄な力を消耗することなく成果を得ることができます。もっとも私は、むしろ内部環境変化が大切だと思います。それは自社の強みを作ることです。他社にない希少資源をコツコツ築き上げることがなによりも大切なことであると思います。

〔PPM〕 選択と集中を考える（図表6）

PPMも古典的フレームワークです。ボストン・コンサルティングが提唱したプロダクト・ポートフォリオ・マネジメントです。金

図表6 ● PPM

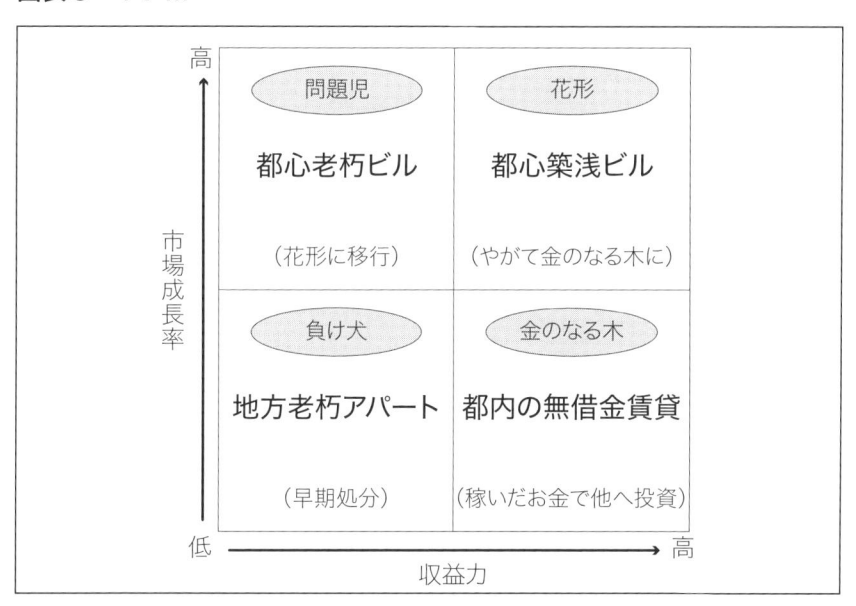

	収益力 低	収益力 高
市場成長率 高	問題児　都心老朽ビル（花形に移行）	花形　都心築浅ビル（やがて金のなる木に）
市場成長率 低	負け犬　地方老朽アパート（早期処分）	金のなる木　都内の無借金賃貸（稼いだお金で他へ投資）

Chapter 11 コンサルティング

のなる木の事業で稼いだ資金を次の花形である事業に先行投資したり、問題をかかえた事業を立て直すために投資したりすることです。負け犬の事業からは思い切って撤退します。

　不動産オーナーであれば、資産のポートフォリオを見直すということです。思い切って地方の老朽化アパート事業からは撤退して売却します。金のなる木である都内の無借金賃貸事業の収益で内部留保し、老朽化してくたびれる前に花形の都心築浅ビルに先行投資します。もしくは、内部留保で問題児である都心老朽ビルの大規模修繕を行います。

　それぞれの不動産を独立した事業として見立ててPPMを行います。不動産に限らず、金融資産を含めたトータルの資産でのPPMができるとベターです。

4　マーケティングのためのフレームワーク

〔ポジショニング〕　意思決定にも使える（図表7）

　顧客の意思決定のために必要な、異なる2つの独立した軸を選び、これらの軸によりマトリクスを作り、全体の構図を把握し、自社の強みとなる独自の位置を見つけだすために使います。

　この例では土地オーナーが意思決定する際に、オーナーとの会話の中で「リスク」と「社会貢献」がキーワードだと推測し、リスクの大小と地域貢献の大小で、土地有効活用の方向性を決めていただくために活用しました。もちろん、ROAやNOI利回り、キャッシュ

図表7 ● ポジショニング

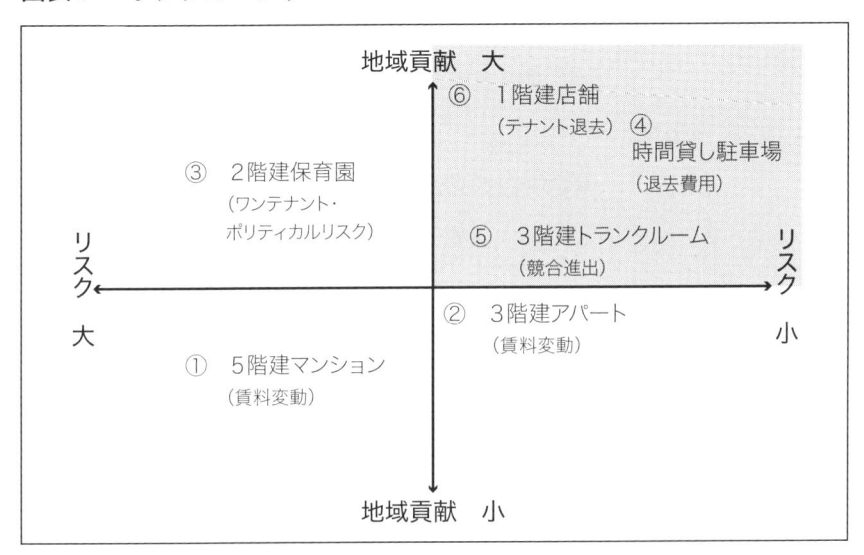

```
                         地域貢献　大
                              ↑
                        ⑥ 1階建店舗
                           （テナント退去）   ④
                                          時間貸し駐車場
       ③ 2階建保育園                        （退去費用）
          （ワンテナント・
  リ        ポリティカルリスク）   ⑤ 3階建トランクルーム    リ
  ス                              （競合進出）           ス
  ク ←──────────────────────────────────────→ ク
  大                                                    小
                              ② 3階建アパート
       ① 5階建マンション        （賃料変動）
          （賃料変動）
                              ↓
                         地域貢献　小
```

フローなどの数値も比較しますが、数値だけでは決めきれない価値観を反映させるために2つの軸に当てはめ、意思決定をしやすくしました。

〔バリュー分析〕 期待度と満足度（図表8）

　提供する商品やサービスの価値に対する値付けは難しいものなのですが、最終的には顧客の期待度と満足度のバランスが取れたところで価格が均衡して価値が定まってきます。ところが、実際には過剰品質になっていたり、顧客からのクレームが多い商品やサービスになっていたりすることがあります。それは、顧客の期待度と満足度に開きが生じることにより生まれます。

図表8 ● バリュー分析

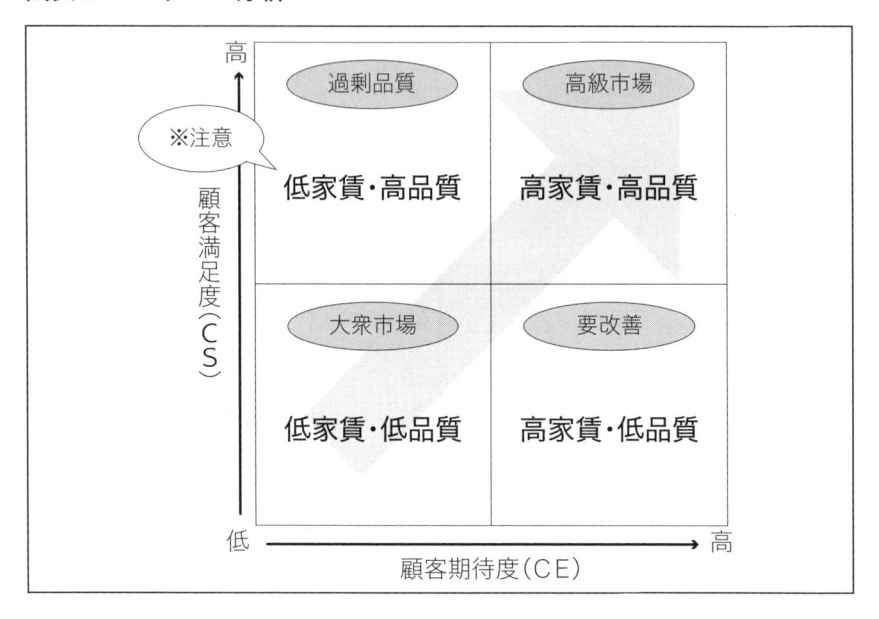

	低家賃・高品質（過剰品質）※注意	高家賃・高品質（高級市場）
	低家賃・低品質（大衆市場）	高家賃・低品質（要改善）

縦軸：顧客満足度（CS）　横軸：顧客期待度（CE）

　顧客の期待度は値付けや事前の見せ方により異なってきます。期待度が低いのにユーザー満足度が高いということは過剰品質であり、そこに力を入れても利益の向上につながりません。顧客の期待に応じた価値を提供することが大切です。

　不動産コンサルティングは期待度が高く満足度が高いサービスです。期待を少しでも超える結果を残し満足してもらいましょう。例では賃貸経営の場合でバリュー分析を行ってみました。

〔パレートの法則〕　効率性を高める（図表9）

　皆さんご存知のパレートの法則です。「ものごとのほとんどのこと

図表9 ● パレートの法則

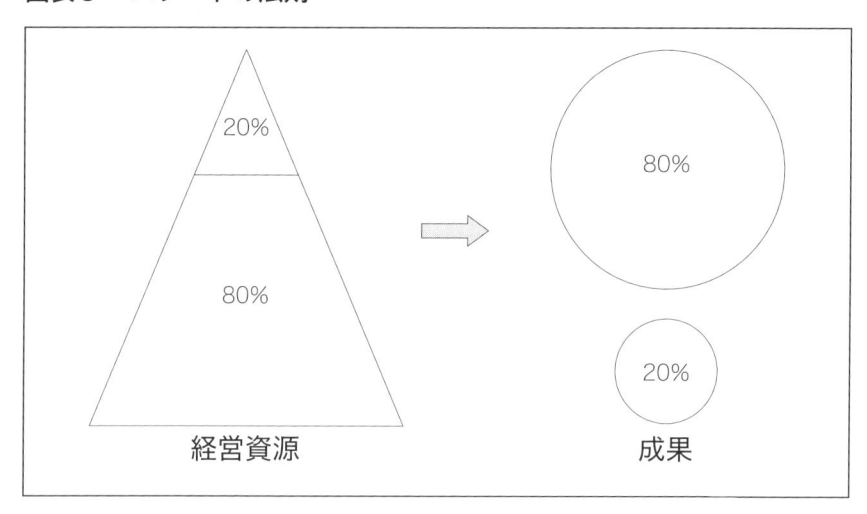

```
       20%                    ┌─────┐
      /   \                   │     │
     /     \                  │ 80% │
    /       \      ⇒          │     │
   /         \                └─────┘
  /    80%    \                ┌───┐
 /             \               │20%│
/_____\              └───┘
   経営資源                     成果
```

は上位20％の要因により、全体の80％の成果が生まれる」という法則です。例えば、「上位20％の商品が売上の80％を占める」「上位20％の取引先が売上の80％を占める」「上位20％のトップセールスマンが売上の80％を占める」等です。したがって、平均的にまんべんなく力を注ぐのではなく、結果を生むものに、より力点を置くようにするのです。中途半端ではなく、徹底的にすることが大切です。差別ではありません。選択と集中です。

当社では相続税がかかる方のみ不動産コンサルティングを行っていますが、それも選択と集中を考えてのことです。前出の期待度と満足度の高い部分にあたります。

一方、最近インターネットの普及により、個々の多くの事業家が、残りの80％の部分を小さく取りつつも稼ぐことができるようになりました。恐竜の長いしっぽのような分布を示すのでロングテール

Chapter 11 コンサルティング

と言われています。個々の不動産コンサルタントはロングテールです。上位20%が大手不動産会社です。

5 マネジメント

〔PDCA〕 改善を繰り返す（図表10）

お馴染みのPDCAサイクルです。マネジメントや仕事の基本と言われています。計画⇒実行⇒検証⇒改善⇒計画を回し続けます。計画は一度実行したから終わりというのではなく、何度も何度も回して改善してブラッシュアップしていくことがポイントになります。

私は日本の職人・工員やサービス業の現場の人々の技能やモラル

図表10 ● PDCA

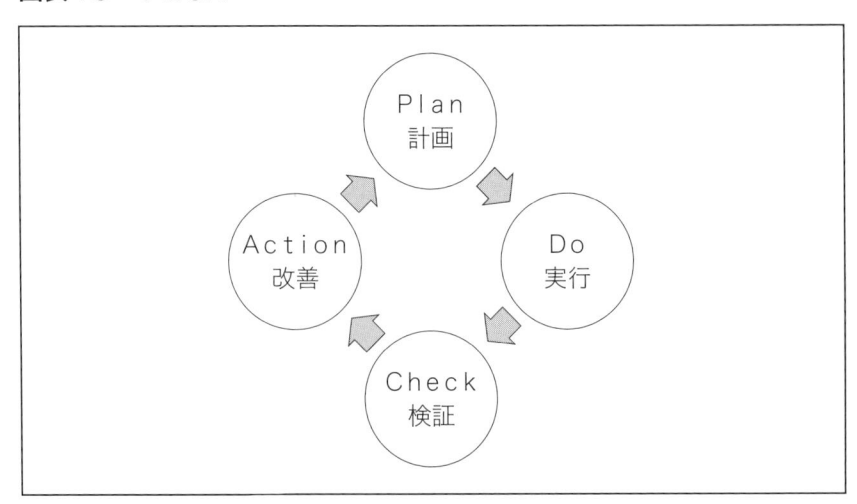

```
        Plan
        計画
   ↗          ↘
Action          Do
改善            実行
   ↖          ↙
        Check
        検証
```

が他の国に比較して平均的に高いのは、この改善活動が職場風土に定着しているからだと思います。戦略レベルというよりは、現場レベルの技能です。独創的な新たな発想というよりは、コツコツとした改善によって少しずつ商品やサービスの価値を高めていく手法です。

計画とひと言で言っていますが、そこには目標、手段、予算、人手、他との調整、スケジュールなど実現可能なアクションプランに落とし込むことと、検証時点で成果の達成度が測定できるようにしておくことが重要です。日々の仕事そのものがＰＤＣＡサイクルを回すことそのものです。

〔3現主義〕　本質に帰結する（図表11）

「現場・現物・現実」、私が最も重視しているフレームワークの一つです。とかく人は、人から聞いた話や本から得た情報でわかった

図表11 ● 3現主義

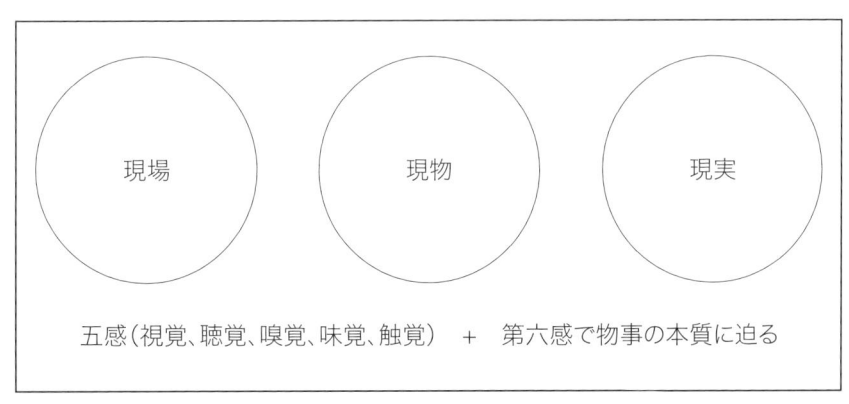

| 現場 | 現物 | 現実 |

五感（視覚、聴覚、嗅覚、味覚、触覚）　＋　第六感で物事の本質に迫る

Chapter 11 コンサルティング

つもりになるのですが、往々にして間違っていることが多いのです。表面的な理解と本質的な理解の差と言ってもよいと思います。論理にはレトリックが付き物です。レトリックとは、他人を説得したり感化したりするために言葉を使いこなす技術です。

　現場は正直です。現実や実態が見えてきます。**困ったらまず現場に行く**という習慣を付けておくと、無駄に費やす時間が減ります。私も不動産の現場はすぐ見る、何度でも見るというのを意識的にしています。朝見る、昼見る、夜見る、休日に見る、平日に見る、など角度を変えて見るよう心掛けています。「ごちゃごちゃ言っているんだったら、さっさと現場に行け」を口癖にしてください。

　海外不動産に興味があるからということで、セミナーに参加し、本を読むということも大切ですが、まずは行ってしまうことです。英語など使えなくてもなんとかなるものです。現場を見て、現場でやっている人の声に耳を傾けるのです。人のレポートなんて、それほど役に立つものではありません。

〔重要度／緊急度マトリクス〕　真の効率（図表12）

　日々の仕事では常に重要度と緊急度を念頭に置いて、仕事の優先順位を付ける必要があります。多くの人々は時間に追われ、緊急度の高い仕事に忙殺され、残業や休日出勤を余儀なくされています。それが重要度の高い仕事ばかりだとストレスが溜まって大変です。出版業界やマスコミなどのように締め切りに追われている方のストレスは大変なものだと思います。

　緊急ではあるが重要でない見せかけの仕事は極力省略したいもの

図表12 ● 重要度/緊急度マトリクス

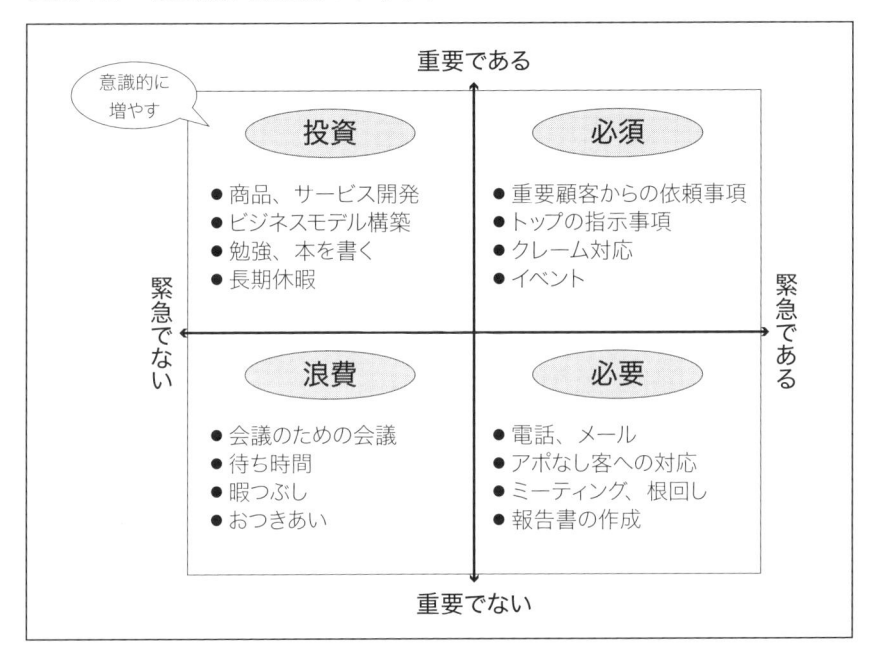

```
                        重要である
    ┌─────────────────────┼─────────────────────┐
意識的に│      ( 投資 )       │      ( 必須 )       │
増やす  │ ● 商品、サービス開発 │ ● 重要顧客からの依頼事項│
        │ ● ビジネスモデル構築 │ ● トップの指示事項   │
        │ ● 勉強、本を書く    │ ● クレーム対応      │
緊急    │ ● 長期休暇          │ ● イベント          │ 緊急
でない  ├─────────────────────┼─────────────────────┤ である
        │      ( 浪費 )       │      ( 必要 )       │
        │ ● 会議のための会議   │ ● 電話、メール      │
        │ ● 待ち時間          │ ● アポなし客への対応 │
        │ ● 暇つぶし          │ ● ミーティング、根回し│
        │ ● おつきあい        │ ● 報告書の作成      │
    └─────────────────────┴─────────────────────┘
                        重要でない
```

意識的に増やす

です。緊急でもなく、重要でもない仕事は浪費です。重要でない仕事も緊急度が高まると、それが重要な仕事に変わってしまうので厄介です。

　効率的に仕事を行うためには、緊急ではないが重要な仕事を意識的に行うことです。つい忙しさにかまけて、優先順位を落としがちです。それではいつまでたっても本質的な改善は進まずラットレースに陥ることになります。緊急かつ重要な仕事が一番ですが、それと同じくらいに緊急でなく重要な仕事に時間とエネルギーを費やすべきです。これは将来への投資です。投資がないところに未来の成果はありません。

Chapter 11 コンサルティング

　私はこの緊急でなく重要な仕事に力を入れてきました。例えば、連載の執筆やセミナーの講師を引き受けることもそうです。緊急な仕事ではないのですが、自分への将来への投資という意味で大変重要な仕事です。本を読んだり、勉強会に行ったりするのもそのためです。常に新しいコンサルティングスキームを考え発表するのも、この緊急ではないものの重要な領域の仕事です。

　資産家の方は日々の不動産管理に忙殺されるのではなく、将来の資産のあり方を考えることにたくさんの時間を充てるほうが真に効率的な資産運用ができるはずです。

6　人を動かす

〔FABE〕　力強い説得力（図表13）

　私が昔、新入社員のフォロー研修で学んだのが、FABE分析です。住宅を販売する時にこの順番で説明しなさいと習いました。特徴⇒利点⇒便益⇒証拠の順番です。例えば、

　①　特徴：借地マンションの建物は所有権ですが、土地は借地権

図表13 ● FABE分析

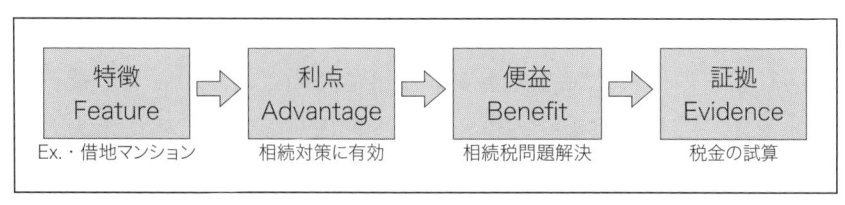

特徴 Feature	利点 Advantage	便益 Benefit	証拠 Evidence
Ex.・借地マンション	相続対策に有効	相続税問題解決	税金の試算

です。
② 利点：したがって土地の評価が低く相続税対策に有利です。
③ 便益：対策によって相続税がゼロになり、相続税の問題から解放されます。
④ 証拠：試算によると相続税評価が基礎控除内に収まり非課税です。

という進め方です。話のプレゼンのフレームワークは起承転結や過去・現在・未来・結論など様々ありますが、ＦＡＢＥの展開は相手の立場をより強く意識したもので、受け入れられやすい要素があります。特徴が顧客に役立ち、顧客の利益に広がりを持たせ、証拠で裏付けるという展開です。

　私は３番目の便益が最も重要だと思います。顧客の頭の中にイメージとして広がりを持たせる便益が、意思決定に影響を与えます。住宅を売るのではなく「住んだ後の楽しいイメージを頭に描いてもらうことが大切だよ」と言われますが、それは顧客の便益のことなのです。

〔欲求階層説〕　欲求に訴求する（図表14）

　依頼者の欲求は様々です。何億もの資産を持っているので、そんなに欲求はないのではないかと思っていらっしゃる方が多いのですが、実はそうではありません。
　親から引き継いだ資産を何とか守り、引き継がねばと意識されており、資産が減っていくかもしれない恐怖と闘っています。これで

Chapter 11 コンサルティング

は安心した暮らしがしたいという欲求に反しています。資産家の方は既に安全欲求の段階で悩みを持っています。

社会的欲求は世の中と繋がっていたいという欲求です。絆と言ってもよいでしょう。東日本大震災でクローズアップされ、震災婚というのがブームになったほどです。

次の段階が自尊の欲求です。人から認められたり褒められたりする喜びです。これが満たされないとステータスに走る人もいます。人からどうやって見られるかがベースとなっているので、まだ本物ではありません。

最終段階が自己実現の欲求です。他人からの評価がベースでなく、自分の決めた価値観や目標が評価のベースとなっています。自分の

図表14 ● 欲求階層説

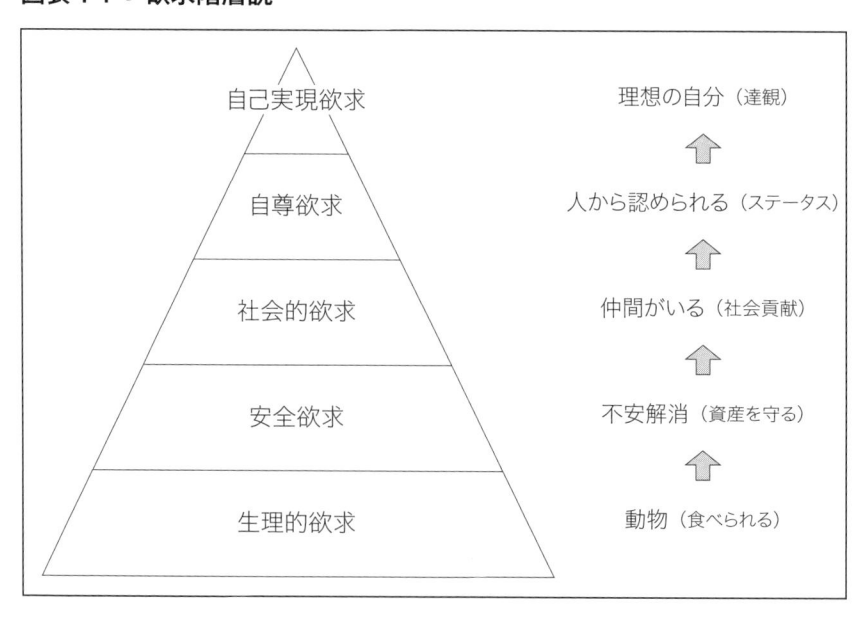

自己実現欲求	理想の自分（達観）
自尊欲求	人から認められる（ステータス）
社会的欲求	仲間がいる（社会貢献）
安全欲求	不安解消（資産を守る）
生理的欲求	動物（食べられる）

能力が生かされ、その結果、人に役立って喜んでもらえた時に味わう喜びと言ってもよいでしょう。この段階まで来ると、後から勝手に報酬がついてくる状態になってくるでしょう。

　依頼者や取引先もそれぞれで、それぞれの欲求があります。相手の欲求に応えられることが重要です。できれば、一緒に仕事を通して自己実現欲求の達成ができるといいですね。

〔MVV〕　ミッション、ビジョン、バリュー（図表15）

　最後に経営理念の話をします。組織の継続的活性化は目標管理だ

図表15 ● MVV

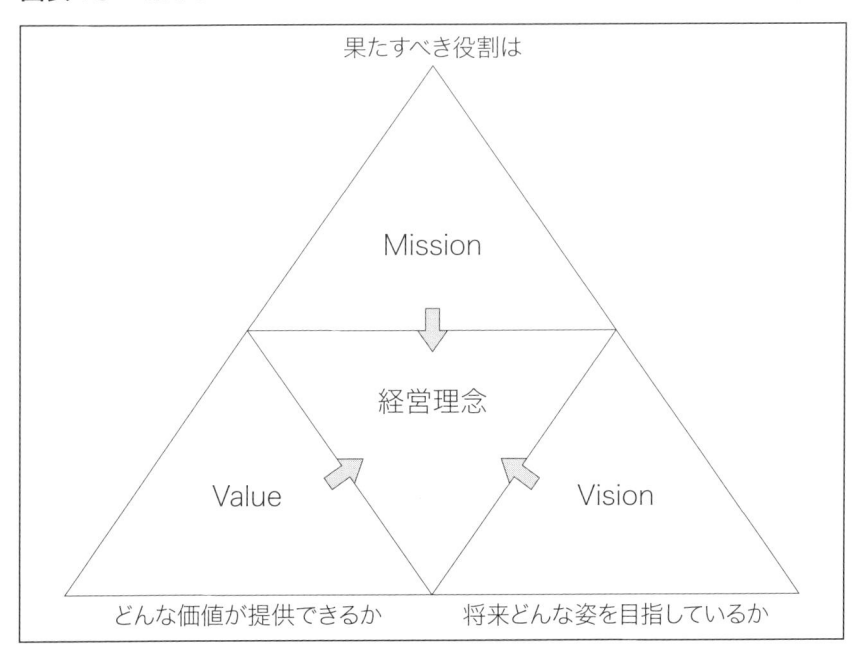

- 果たすべき役割は
- Mission
- 経営理念
- Value — どんな価値が提供できるか
- Vision — 将来どんな姿を目指しているか

Chapter 11 コンサルティング

けでは困難でしょう。長期的にモラルと意欲を持って社員がいきいき働き、顧客の支持を得るには確固たる経営理念が不可欠です。ホームページを見れば、その会社の経営理念がなんとなく見えてきます。ただ、美辞麗句を書き並べた差し障りのないことばかり書いてあるような会社に魅力は感じません。会社の意思が伝わってこないからです。

　会社がどんなミッション（果たすべき役割）を担い、顧客にどんな価値を提供して、将来何を目指しているかを鋭い言葉で明確にするのです。

　個人でも同じです。人それぞれ個人の理念があったら面白いですよね。果たすべき役割、価値提供、将来像、そんなことを自分の言葉で語ることができる人には魅力を感じます。ただ金儲けのことだけしか頭の中にない人は、今の時代お金のほうから逃げていくのだと思います。

7 考え抜くことで答が降りてくる

　今まで紹介したフレームワークは、数ある中のほんの一部です。おそらく世の中には各コンサルティングファームが作ったフレームワークは数百も存在することでしょう。フレームワークを知っていると、ただ枠に収めればそれで事が終わったような気になる点が問題です。フレームワークは単に情報を整理するだけのツールです。問題を解決したり、独創的なアイディアで課題を一気に解決したりすることはできません。

　私が思うフレームワークの素晴らしい点は、集団で情報を共有化し、現状把握⇒課題形成⇒対策立案のプロセスが関係者で共有されることにより、実施段階での納得性が高くなり、良い成果を生みやすくなることです。参画者に当事者意識が生まれることは、とても大切なことです。コンサルタントにおいても、一方的な助言ではなく、手順を踏んで依頼者と情報を共有化し、同じような問題意識を持ち、その結果生まれた対策案であれば実行に移しやすくなり成果も生まれます。

　最近ではＩＴの発達により、情報そのものの価値が低くなってきました。グーグル先生や本を読めば、情報や知識は簡単に得られるようになってきました。

　大切なことは、知識や情報を知恵に変換する思考能力です。フレームワークの力を借りて、思考能力を高めることが可能です。

　ですが、最終的にはフレームワークの活用ではなく、どれだけ真剣に考えたか、どれだけ時間をかけ考えたか、どれだけ必要な情報を足で稼いで集めたか、どれだけ依頼者のことを考えたのか、など

Chapter 11 コンサルティング

の努力が決め手になります。一つの問題やテーマについて机の上で考えてフレームワークに収めていても、なかなか腹にすぅーっと落ちるようなアイディアや答が生まれてくるわけではありません。

　考えに考えて、考えられるだけの言葉を出しきり、苦しんだ後で頭の中に突然、アイディアや答が降りてくるものなのです。そのタイミングはどちらかというと、考えている時ではなく、公園を歩いている時、お風呂に入っている時、睡眠の直後や寝起きに無意識のうちにピカーッと閃いたりするものです。10日間ぐらい根を詰めて考えに考えぬくことによって、はじめて天から降りてくるのです。

　考えるという行為は脳の血液や酸素の消費量が多く、大変疲れる作業なのですが、これがコンサルタントの仕事ですし、これで報酬をいただいているのです。物やサービスといった形のあるものではなく、問題解決や意思決定といった価値を提供するという仕事なので価値を示しにくいのですが、長い間の人々の評判で正当に評価されているのだと思います。

Chapter 12
コミュニケーション

Chapter 1 相続

Chapter 2 建築

Chapter 3 投資

Chapter 4 金融

Chapter 5 税務

Chapter 6 法務

Chapter 7 経営

Chapter 8 鑑定

Chapter 9 不動産

Chapter 10 資産設計

Chapter 11 コンサルティング

Chapter 12 コミュニケーション

Chapter 12 コミュニケーション

人を動かす

信頼を勝ち得、意思決定してもらおう

人は現状に不満を持っていたとしても、現状を変える不安のほうが大きく、一歩前に踏み出すという行動ができません。人にはそれぞれ価値観があり、本来説得はできないものだと思っています。一歩踏み出す勇気を与えることがコンサルタントの役割ではないでしょうか。

1 対人関係が全てと言ってもよい

　最後にこのテーマを選んだのは、コンサルタントにとって最も大切なテーマだからです。

　優れた提案書ができて自信をもって提案したのに、「検討しておきます」で終わってしまうことはありませんか？　その多くはコミュニケーションロスが原因です。依頼者のウォンツをつかみ切れていない、信頼を得られていないのに性急に独りよがりな提案をしたか

らなのです。

　いくら豊富な知識やノウハウを持っていたとしても、依頼者にとって的外れな提案をしてしまっては宝の持ち腐れです。有名な大学を出て、テストの点も高く取ることができるのに、ビジネスでは散々な方は多く見られます。それは、Chapter 11【コンサルティング】のフレームワークのところで述べた思考力とChapter 12のテーマであるコミュニケーション力の不足が要因だと思います。

　「信頼を勝ち得、納得して意思決定してもらうための力量」は属人的な要素が大きく、言葉にして伝えることが困難であることは理解しています。しかしながら、コンサルタントが成果を出すために最重要テーマであるので、ここは避けて通れません。私自身も得意ではありませんし、コミュニケーション能力開発の専門家でもありません。今まで多くの自己啓発書を読んで学んだことや、実践してみて良かったと思うことをざっくばらんに綴ってみたいと思います。

　いいコミュニケーションには、話す人の人間性と伝える技術の2つがありますが、ここでは人間性、つまりモノの見方と考え方を中心にお話しします。

2　トップセールスマンから学ぶ

自責の念

　私はハウスメーカーの本社に入社しました。新入社員には研修出

Chapter 12 コミュニケーション

向という制度があり、同期が一斉に全員例外なく全国の営業所に配属され、3〜4年間住宅を売ってから本社に戻ってくるのです。

ここで売れた人は出世コースに乗ります。売れなかった人はその後のサラリーマン人生のほとんどが浮かばれません。家一軒を売るというのは、購入者が命をかけた買物なので、営業マンの全人格的能力が試されます。コミュニケーション能力があり、地道にコツコツ活動できる人でなければトップセールスマンになれません。口が上手いだけでは住宅の高額商品は売れません。

たまたま配属された営業所の市場環境や上司の良し悪し、バックアップ体制の有り無しなどにより成績は変わりますが、3〜4年の長期となれば、その人の能力が最も成績を左右するものです。

先輩も後輩も皆出向経験を持つことになりますが、トップセールスマンと言われる方は例外なく出世していきました。人事考課は色々な要素があり難しいのですが、セールスの場合、比較的数値と連動するので、数値が人格だと言われることもあります。売れないのは全て自分のせいなのです。サボった、創意工夫しなかった、コミュニケーション能力に磨きをかけなかったなどが、そのまま成績に跳ね返ってきます。

売れない理由を、お客様や市場環境、会社や上司のせいにしてもダメなのです。隣にはちゃんと売れている営業マンがいるから説得力がありません。全ては自責だと植えつけられたのが住宅のセールスでした。

主体的な行動は伝染する

人は行動する人が好きです。自らの意思でなんとかしようと努力している人を見ると応援したくなります。団体旅行で海外に行っても人の優しさに触れることはありません。一人で計画を立て一人で冒険旅行をすると、行った先々で優しさに触れ、ホスピタリティーを受けることができます。

主体的でない人は仕事の失敗も、異性にフラれることも、全てのことを他人のせいにします。全ては自分の選択の積み重ねが、自分の性格や行動を形成していくのだと思います。自分が影響を与えることができないことに思い悩むことは意味がありません。自分が変えられる範囲のところで改善をしていくうちに、結果が後からついてくるのです。自らが主体的な行動をとっていれば、自然に主体的なお客様や取引先が引き寄せられてくるものなのです。

コツコツ継続する

トップセールスマンの特徴として、真面目さがあります。顧客管理をしっかりします。マメに連絡します。顧客を育てる意識があります。見込み客が育つまで、しっかり待つということができます。定期的なDMや訪問を一定量必ずこなします。

通常、売れると提案書の作成や契約事務、アフターサービスに時間を取られ、定期的なDMや訪問を疎かにしがちです。ところがトップセールスマンは、売れて忙しい時も常に顧客管理と育成をコツコツしています。瞬発力、クロージング力が強いだけでは継続的な成

Chapter 12 コミュニケーション

約はできません。

コンサルタントも同じです。

3　ゴールから思い描く

目的・目標を持つ

　住宅のトップセールスマンのインタビューが強烈に印象に残っています。「私は家を契約して建ててもらう前に、お客様の頭の中に家を建ててしまうんですよ」

　仕事も人生もこれと同じです。まずは頭の中に完成イメージを描き、ストーリーを作ってから行動して目的の達成に近づくのです。目的や目標が曖昧だと、やるべきこととやるべきことでないことの区別がつかず、行動基準も曖昧となり、管理された中で表面的な作業だけをすることになります。それでは目的・目標に近づくことはできません。自ら目的を明確にし、目標設定することにより、やるべきこととそうでないことが自然に区別され、主体的な選択により目的に近づくことができます。

　コンサルティングの依頼者にも、自ら目的・目標を持っていただくことは大変重要なことであり、そこまでいけば80％の仕事が終わったようなものです。

原理原則に忠実であれ

信頼を得るということのなかで大切なことは、ブレない自分を持つということです。公正さ、誠実さ、勇気などの普遍的な原則を価値観として持つということです。

私は開業時に「コンサルティング10の方針」という依頼者に対するマニュフェストを作成し、会社案内に盛り込みました。今も守り続けている方針です。見本として参考にしてください（**図表1**）。

最優先事項に気づいてもらう

賃貸経営を行っている資産家の方は、思っているより忙しい方が多いようです。入居者からの緊急なクレームや、空室への対応、年度末には確定申告など時間に追われることもしばしばです。時間の制約のある緊急な仕事に目が行きがちです。

ところが、本来は大規模修繕の計画など長期的な視点で資産価値を高めるなどのテーマのほうが大切であるはずです。もっと言えば、本当に今の資産のままで良いのか、組み替えたらどうなるのか、相続は乗り切れるのだろうかなど戦略的なテーマに意識を持ってもらうほうがより生産的です。目先のプロパティー・マネジメント（PM）から将来を見据えたアセット・マネジメント（AM）に目を向けてもらうことが大切です。

仕事や人生は、「緊急でないが重要なこと」を意識して行うことが必要です。コミュニケーションづくり、健康管理、自己啓発、戦略立案などにエネルギーと時間を割くことによって、人生の栄養とな

Chapter 12 コミュニケーション

図表1 ●

福田財産コンサル　10の方針

依頼者とのマニュフェストです。

1. 市場判断、収支計画、相続問題、金融戦略、法務・税務を視野に入れ**包括的**に提案します。

2. **対処療法はしません。**資産の全体像を捉え、資産の組み換えを含めた抜本的な提案を効果的・重点的に行います。

3. 独立系コンサル会社の特徴を活かし、資産家の立場で**フリーな提案**をします。（自社商品の売り込みの心配がありません）

4. 依頼者にはストレス無しで、**問題解決の過程を楽しん**でいただきます。

5. 依頼者に判断を委ねるのではなく、プロとして**「こうすべきだ」**という助言をします。

6. 考えに考えてもがき苦しんでヒラメキが生まれるまでチエを出します。また独りよがりのチエにならぬよう、**ネットワークの力も借りてチエ**を出します。

7. 総資産700億円を超える財産形成コンサルティングの経験を活かし福田郁雄**自らが担当**します。（部下に任せません）

8. 企画提案書作成だけの業務をしません。実施段階の**監理**も責任を持って行います。

9. 実施段階では**競争原理**を取り入れ、入札を原則とし最大のパフォーマンスを引き出します。

10. 紹介者の顔を潰すことだけは絶対にしません。**紹介者への配慮**も怠りません。

るのだと思います。

4　Win・Win・Win

誰かのために

　人間は誰かのためにすることには力が発揮できるものです。この本のベースとなる連載も、依頼を受けたから書けるのであって、自分の記録のためであれば筆は全く進みません。誰かが読んでくれて、「あれが参考になった。おかげで仕事が上手くいった」というレスポンスがあるから書けているのです。

　自社所有の収益不動産を売却する時も力が出ませんでした。依頼者のためなら一生懸命できることも自分の物件だと力が出ないので、信頼できる別の不動産会社の方に任せました。

　依頼者から期待されていることをひしひし感じ、そのプレッシャーを感じるからこそ力が湧いてくるのです。

双方にメリットを

　勝者がいれば必ず敗者がいると思っている人は多いかと思います。それは競争社会に毒されている考えです。競争そのものは世の中を良くするものではないと思っています。価値を創造して提供することが大切なことであって、競合対策なんてやっている暇があれば、自分の商品やサービスの価値を高めることに力を注いだほうが

Chapter 12 コミュニケーション

よほど生産的です。

　下請けいじめ、仕事の押し付け、上から目線というのは Win・Lose の関係です。自分の不利益を我慢しつづけるのは Lose・Win です。どちらも良くありません。相手も自分も期待する成果が得られるのが、Win・Win です。相手に対する思いやりと自分の考えを誠実に伝えあうところから、創造的なアイディアが生まれ、両者が勝者になり得るのです。

　当社が開業する時に作った理念の一つが Win・Win・Win です。見本として参考にしてください（**図表2**）。

図表2 ●

Win Win Win
三方一両得、共存共栄のネットワーク

お客様に喜んでいただくことで、お取引にも喜びが広がり、
それが当社の最大の喜びとなって結実する。

福田財産コンサルはこうした企業姿勢を経営理念として貫き、
つねに誠実に案件課題と取り組みながら
「三方一両得」の精神でお客様やお取引先とともに、
共存共栄の発展をつづけていきたいと願っております。

与える人が与えられる

　与える人が最も豊かになれる。これは私の信念でもあります。連載やセミナーで知識・経験・ノウハウを包み隠さず出し切っているのは、その考えが根底にあるからです。今流行っている「アドラー心理学」に基づく考えです。

　日本では従来から、「情」や「徳」が重要視される社会です。「この人が言っている話だからひと肌脱ぎましょう」「この人から頼まれたら断れない」などという会話をよく耳にします。「情」や「徳」という、人への思いやりや志の高さなどの部分が評価されて人が動くのです。

　「情」や「徳」は、与える人に与えられるのだと思っています。ですから、結果的に「情」や「徳」のある人が、周りの多くの人から支えられて成功していくのではないでしょうか。

5　こちらから信頼し、尊敬する

積極的傾聴

　話すことより、聞くことのほうが大切だとよく言われています。このことは皆さんも耳タコだと思います。自分も含めわかっているようで、一番わかっていないのが積極的傾聴ではないでしょうか。

　積極的傾聴とは、自分が何を話そうか、どのように相手を説得しようかと思いながら聞くのではなく、まず相手を理解しようと集中

Chapter 12 コミュニケーション

して聴くことです。相手の気持ちを理解しながら、相手の身になって、相手の話に共感するのです。

積極的傾聴ができた時から、相手とのコミュニケーションが劇的に良い方向に向かっていくことでしょう。

まずは相手を心から理解することです。相手を理解して初めて理解してもらえるのです。

よくやってしまう間違いは、自分の世界を通じて相手の世界を語ってしまうことです。解釈、評価、助言、探り、選択などを自然にやってしまうものです。賢い人ほどやりがちなので厄介です。知識が多く、自分の価値観を持ち、主体性のある人ほど積極的傾聴ができ難くなるので、よほど注意して日頃から意識していないとできません。

「相手の目線で感情移入して共感しながら聴く」を心掛けてください。ベースには、相手を信頼して尊敬する気持ちが必要です。

信頼口座の残高を増やす

コンサルタントの提案が受け入れられるのは、信頼が根底にあるからです。その信頼は、実は時間をかけてコツコツ積み上げていくもので、口座にお金が増えたり減ったりしていくような感覚のものなのです。

日頃から他人との約束を守り、相手に気配りができていれば、信頼口座にお金が貯まっていきます。逆に失礼なことをしていれば、信頼口座のお金は減っていきます。

信頼口座にお金がいっぱい貯まっていれば、困った時に人が助け

てくれますし、少々のミスも許してもらえるものです。逆に信頼口座にお金が貯まっていなければ、いつまでたっても、Win・Winの関係を築くことができません。

　信頼口座は銀行の通帳のように目には見えませんが、誰しもが心の中に持っている口座です。どのようにすれば、信頼口座の残高は増えていくでしょうか？

　「時間を守るなどの小さな約束を守る」「礼儀を守る」「気配りする」「安請け合いはしない」「相手を心から理解する」「言っていることと、やっていることを一致させる」「間違ったら謝る」「良くしてもらったらお礼をする」「ブレない価値観を持つ」「話していることに一貫性を持たせる」「人により態度を変えない」など、当たり前のことをちゃんとやることではないでしょうか。

心を動かすもの

　皆さんも経験があると思いますが、人が動くのは「何を言ったか」より、「誰が言ったか」ではなかったでしょうか。

　私がサラリーマン時代に感じた話です。稟議書に書く内容がほとんど同じであっても、Aさんの稟議は通るのですが、Bさんの稟議は否認されるのです。一見エコヒイキに見えるのですが、実はこれはAさんは信頼口座の残高が多くて、Bさんは信頼口座の残高が少なかったからだと思います。

　コンサルティングの現場においても、正しいことを言ったから心を動かされるのではなく、「あの人の話に乗ろう」「あの人についていこう」など、信頼をベースに意思決定していただいているのだと

Chapter 12 コミュニケーション

思います。

6 違いを乗り越える

妥協ではなく、第3の案

　相手の目線で感情移入して共感しながら聴くあまり、何でも相手の言いなりになり妥協するという態度は良くありません。さらに高いコミュニケーションを求めるのならば、自分の考えと食い違う意見であった場合、お互いに相違点を出し合い、どちらも考えてもいなかった新しい第3の案を創造するのです。

　私はそのことを創造的問題解決と呼んでいます。当社のロゴにCreative Consultingと入れているのは、創造的問題解決を標榜しているからです。

　例えば、コンサルタントが「今のままではジリ貧になるので、何か有効活用を考えましょう」と提案し、依頼者は「それはわかるが借金をしたくない」という話の展開というシーンはよく見かけると思います。お互いの主張をぶつけ合っていては何も解決しません。色々悩んで考えた結果生まれたのが第3の案の定期借地権の活用だとします。「保証金か前払い地代を受け取り、そのお金を元手に有効活用しませんか」と展開していくのです。

　お互いの信頼関係があったうえで、対立した意見を乗り越え、知恵と勇気で解決していくのです。

自分の原則を守る

　Win・Winの実現のためには、自分のWinのために誠実に自分の気持ちを伝える「勇気」と、相手にWinを与える優しい「思いやり」の2つが共存しなければなりません。創造的問題解決によって、第3の案を導くことも必要でしょう。

　ところが、お互いの価値観や原理原則、理念にどうしても合わなくて、Win・Winの実現が不可能な場合には、「取引しない」という選択も必要です。

　私が特定の商品の販売を目的とした企業のセミナーの講師の依頼を断っているのも、目標の違いから「取引しない」という選択をしているからです。

　依頼者からの依頼をお断りすることもありますが、それは自分の原則に則らない場合です。資産背景もないのに、100％ローンで収益不動産を探してほしいと言われても、そんなリスクを負わせることはできないのでお断りいたします。

　私の体験からも断言できますが、「取引しない」という選択をしたとしても、信頼関係が維持されていれば、次の機会に「取引する」に生まれ変わるものなのです。

明るく、楽しく生きよう

　最後に皆さんにお伝えしたいことは「明るく、楽しく生きよう」です。コンサルタントが暗くては、だれも信用してくれません。自ら見本を見せなければ、ついてきてくれません。自ら楽しい人生を

Chapter 12 コミュニケーション

過ごしてください。夜釣りが簡単なのは、明るいので魚が集まってくるからです。

　問題を一緒に悩んでいては、いけません。感情移入しつつも、クールに対応してください。

　コンサルタントの究極の仕事はライフ・マネジメントにほかなりません。人のライフ・マネジメントを語るのであるならば、まずは自分の人生をどのように生きていくか、それを堂々と語れるようになってください。

　最後までおつきあいいただきましてありがとうございました。皆さんのご活躍を心からお祈りいたします。

おわりに

　よく言われることがあります。「福田さん。そんなによくノウハウを惜しみなく出されますよねぇ」と。
　私はノウハウと思っていませんし、コンサルティングの仕事はどこかで聞いてきた事例をそのまま貼り付けても使い物にならないと思っているので、惜しみなくという感覚がありません。
　たしかにセミナーなどでは、実際に使用している提案書をそのまま公開し、必要とあらばメールでそのツールを送っています。
　受講者が公認 不動産コンサルティングマスターや宅地建物取引士が多いので、ライバルを自ら生み出していると言われてもしかたがありません。
　確かにそうですが、自分で資料をまとめ、人の前で発表することは自分自身が一番勉強になるのも事実です。曖昧な知識が鮮明になり、関連知識を身に付ける機会にもなりました。まさに「情けは人の為ならず」です。
　まだこの不動産コンサルティング業界は小さく認知度も低いのが現状です。むしろライバルがたくさん現れ、業界が発展することのほうが重要です。私の能力やできることは限られていますが、まずは自分ができる目の前のことに全力で取り組むことが大切です。
　本書の基となるのは、公益財団法人不動産流通推進センター発行の『月刊 不動産フォーラム21』で連載した「キーワードで考える不動産コンサルティングの勘所」(2014年2月号から2015年1月号)です。
　不動産流通推進センターからは、「不動産コンサルティングにおいて重要なキーワードを設定し、その内容を解説していただくととも

に、実務においてそれがどのような意味を持つのかを、実際の事例を交えつつ、わかりやすくまとめてください」との依頼でした。基本知識から応用まで全て網羅してくださいという総合的なものです。

　実は以前にも「実践事例で考える不動産コンサルティングの進め方」を連載したことがあります。2010年2月号から2013年8月号(全43回)に及ぶ超長期連載でした。文字数も図表付きで7,000字の大型企画でした。

　私の目線だけでは正確に伝わらないのではと思い、実際にコンサルティングを受けた依頼者を訪ねインタビューして、依頼者の生の感想も掲載しました。内心、不満を持っておられるのではないかとビクビクしていましたが、依頼者の誰一人としてインタビューを断る方はなく、嬉々とご自身の体験を語っていただけました。こちらが力点を置いて対応したことと、依頼者に喜んでいただいた部分が異なっていることに、毎回驚きを感じたものです。

　この時の連載は依頼者の実例紹介ということで具体的でわかりやすいのですが、そのまま事例が全ての人にあてはまるとは限りません。そこで今回は、事例から抽出した本質に迫るキーワードを手掛かりに、12の基本テーマを設定し、いったん抽象化したものを解説して、現場で応用しやすくしてみました。ぜひ、活用してみてください。

　本書の執筆にあたり、株式会社住宅新報社の本多信博氏、税理士法人タクトコンサルティングの本郷尚会長、そして私のコンサルティングに付き合っていただいた依頼者の皆様や専門家・実務家の皆様に心より御礼申し上げます。ありがとうございました。

2015年5月

福田　郁雄

◆会社概要

株式会社 福田財産コンサル

設立
2004（平成16）年6月

資本金
3,000万円

事業内容
● プライベート・アセット・マネジメントサービス
　　　　　　（資産3億円以上の資産家向け、最適資産設計の助言）
　・相続対策（資産分割協議、節税、法人化、贈与、遺言等）
　・資産設計（財産分析、ポートフォリオ設計、債務対策等）
　・不動産活用（最有効活用企画、不動産投資、入札等）

● 人材育成事業
　・株式会社東京アプレイザル主催　不動産相続ビジネス研究会　顧問
　・公益財団法人 不動産流通推進センター　試験アドバイザー
　・公認 不動産コンサルティングマスター「相続対策専門士」統括講師
　・株式会社レガシー　企画・制作・販売　CD・DVD講師
　・JA、公益社団法人 全国宅地建物取引業協会連合会、株式会社住宅新報社、
　　不動産流通推進センター等主催の講演・勉強会多数

連絡先
　株式会社 福田財産コンサル
　代表取締役　福田　郁雄
　〒104－0061　東京都中央区銀座2－11－1　銀座ランドビル5F
　Tel　　　　03－6278－0426
　E-mail　　fuku@fukuzai.com
　ホームページ　http://www.fukuzai.com

◆著者紹介

福田　郁雄（ふくた　いくお）

　　株式会社 福田財産コンサル　代表取締役
　　資産経営コンサルタント
　　ＦＰ　ファイナンシャルプランナー
　　公認 不動産コンサルティングマスターおよび相続対策専門士
　　相続アドバイザー養成講座認定会員

1959（昭和34）年生まれ。ミサワホーム株式会社の資産活用部門の責任者を経験後、アパマンショップの不動産投資会社の責任者を経て、2004（平成16）年6月に株式会社福田財産コンサルを設立。独立系の「資産経営コンサルティング会社」を主宰している。
総額1,100億円を超える豊富なコンサルティングの経験を活かし、フリーな立場で、「最適な資産設計・全方位の相続対策・土地の有効活用・不動産投資・不動産コンサルティング」の助言を行っている。
経営理念として、"Win Win Winの関係"を目指す。

著書
・『「稼げる」不動産コンサルタントになる方法』（すばる舎リンケージ）
・『混迷の不動産市場を乗り切る優良資産への組み換え術』（住宅新報社）
・『事例から学ぶ安全・安心の相続と資産運用』（住宅新報社）
・『収益不動産の投資入門』（㈱アパマンショップホームプランナー）
・『資産運用ビジネス特集』住宅新報 特集（住宅新報社）
・『相続資産の上手な増やし方（改訂版）』（週刊住宅新聞社）

パーソナリティー
「ふくちゃん・りなの不動産投資学校」

カリスマ不動産コンサルタントから学ぶ
資産を守り増やすための12の実践哲学

平成27年6月12日　初版発行

著　者　福田郁雄
発行者　中野孝仁
発行所　㈱住宅新報社

出版・企画グループ　〒105-0001　東京都港区虎ノ門3-11-15(SVAX TTビル)
　　（本社）　　　　　　　　　　　　　　　　電話（03）6403-7806
販売促進グループ　〒105-0001　東京都港区虎ノ門3-11-15(SVAX TTビル)
　　　　　　　　　　　　　　　　　　　　　　電話（03）6403-7805

大阪支社　〒541-0046　大阪市中央区平野町1-8-13(平野町八千代ビル)　電話（06）6202-8541㈹

＊印刷・製本/美研プリンティング㈱　　　　　　　　　　　　　Printed in Japan
＊落丁本・乱丁本はお取り替えいたします。　　　　ISBN978-4-7892-3730-7 C2030

「福田財産コンサル流　実践不動産コンサルティング塾」塾生募集

■**設立趣旨**
　当社は公認不動産コンサルティングマスターや宅地建物取引士の方々に対し、講演・連載・出版などを通じ、不動産コンサルティングに関する数々の情報やノウハウを提供してまいりましたが、実際の現場で使いこなすレベルには至っていないとの声が聞かれます。
　そこで、**意欲と正しい心構えを持つ事業者の方に、個別に不動産コンサルティングのサポートを行うことにいたしました。それぞれの事業者が実際に現場で行っている不動産コンサルティングを題材にして、コンサルティング技能を磨くとともに実践での成果を出していただきます。**
　もちろん依頼者に対するコンサルティング報酬は塾生のものです。

■**支援内容**
- 本著書に記載された、12のコンサルティング分野に関する、知識・技能・ツールの提供。
- 塾生の依頼者に対する企画提案書作成の支援。
- 普段当社が使用している、契約書類、提案書のフォーマット等を自由に使っていただくことができます。
- まだコンサルティング経験が未熟である場合には、当社が代わりに企画提案書を作成し、塾生によって依頼者に提案していただくこともできます。

■**募集資格**　公認不動産コンサルティングマスターの方もしくは取得予定の方
■**募集人数**　20人
■**入塾判定**　面接後、厳正なる審査の結果、個別に結果を連絡いたします。
■**期間**　1年　更新可能
■**料金**　月額32,400円、提案書を当社が作成した場合は成功報酬の20％
■**申込方法**　会社名、氏名、年齢、志望動機、現在の主な仕事の内容、簡単な経歴、12のコンサルティング分野の中で関心の高い分野、連絡先をご記入のうえ、
　　　　　　タイトルに「福田財産コンサル流　実践不動産コンサルティング塾」入塾希望と書いてメールでご応募ください。
■**連絡先**　株式会社福田財産コンサル　　代表取締役　福田郁雄
　　　　　　E-mail：fuku@fukuzai.com　　電話番号：03-6278-0426